トップ

ベッティング

～上位1％が教えてくれる回収率150％の馬券術～

競馬予想屋マサ

－競馬道OnLine 編集部編－

競馬道OnLine ポケットブックシリーズ005

はじめに

本書「トップベッティング〜上位1％が教えてくれる回収率150％の馬券術」は、間違いなく多くの競馬勝ち組を増やしていきます。あなたがその一人になれるかどうかは、この本を最後まで読むかどうかにかかっています。この本をしっかり読んでその通りに実践さえすれば、回収率150％になることも夢ではないでしょう。もちろんそれは競馬初心者でも可能です。

私、競馬予想屋マサ（以降予想屋マサ）は10年前に競馬ブログとメルマガを開始し、現在まで競馬勝ち組を輩出してきました。的中報告やお礼のメッセージが毎週のように届いております。嬉しいことにメルマガ会員は現在1万人、Instagramフォロワーは16,000人を超えています。

最近はFacebookやInstagram、TwitterなどのSNSでも情報を発信していることで、**予想屋マサ**を知ってくれる人が増えてきました。少しだけ有名になったことで、フォロワーさんから馬主席に招待されたり、旅行のお誘いがあったり、日本ダービーを特等席で観戦できたり、一口馬主のパーティーに呼ばれたりと、これまで味わったことのない経験をすることができました。本当に有難い限りです。中でも、2018年のフランス凱旋門賞に行けたことは私の中で一生の思い出となっています。

人生の負け組だった過去

今でこそ毎年競馬でプラス回収ができて、友達もたくさんできて、欲しかったものが買えたり、海外旅行もたくさん行けるようになりましたが、予想屋マサも以前は全くそうではありませんでした。

馬券が当たらず毎週損して終わるのは当たり前。自分で予想して当たらないレースが続くと、高額の競馬ソフトや悪徳情報に手を出しては失敗したこともありました。最大で1ヶ月間に150万円を失ったこともあります。

競馬で負けたイライラを他人に当たってしまい友人を無くすこと

もありました。ストレスで暴飲暴食になったこともあります。当時はこのように精神的に不安定でしたので、職場でもうまくいかず、転職を繰り返した時期もありました。本当に自分は人生の負け組だと痛感し、自暴自棄になることも多かったのです。

　ここまで酷い人生を送っている人は少ないとは思いますが、人生のどん底を経験したからこそ今の私があると思っています。人生負け組の立場から、本当に楽しいと思える毎日を手に入れることができたのです。それも全ては競馬がきっかけであることに間違いありません。

　現在のあなたがどのような状態であれ、大丈夫です。この本を手に取ってくれたあなたには、トップ１％になるために必要な心構え（マインド）やお金に対する考え方、そして実際の馬券の買い方などを包み隠さずお伝えしていきます。それらを実行することで、あなたは競馬で勝てるだけではなく人生がより豊かになっていくことでしょう。

毎年馬券を購入する人が増えている

　JRAの公式HPによると、2018年の売得金は2兆7950億円で、前年比101.7％であり、7年連続での増加となっています。

　また、開催競馬場への入場者数も626万6912人で前年比101.5％と確実に増加しています。昔から競馬をしている立場としては、競馬に興味を持ち馬券を買う人が増えてきていることは非常に嬉しく思います。実際に競馬場へ足を運んでみると、家族連れやカップル、さらにUMAJOと呼ばれる女性客が目立つようにもなりました。ＪＲＡも競馬場に女性しか入ることのできないＵＭＡＪＯスペースを作り、女性客の動員を積極的に行っています。30年くらい前とは違い、競馬場イコールおじさんという図式は今では成り立たなくなってきているのです。

　そんなイメージの良くなった競馬ですが、お金を賭ける以上ギャ

ンブルであることに間違いはありません。馬券を買い当てて喜ぶ人がいる一方、負けて損して終わる人もいるのです。それでは実際に競馬で勝っている人はどのくらいいるのでしょうか。勝っているというのは年間を通して回収率が100%を超えているということです。

　これについては正確なデータが無いので何とも言えませんが、全体の５％とか10％と言われています。しかし私の感覚ではもっと少ないように感じます。毎週馬券を買っていれば単月でプラスになることはありますが、年間を通じてプラスになることはなかなか無いと思われます。あなたのまわりで競馬をしている人をイメージしてみてください。果たして年間を通じてプラスになっている人が何人いるでしょうか。

ノウハウよりも大事なこととは

　本書では実際に競馬で勝てる予想方法や馬券の買い方にも触れていきますが、それ以前に大切な競馬に対する考え方（マインド）の部分をお伝えしていきます。

　競馬で勝てない大半の人はここを軽視しています。そんなのは要らないから早く儲ける方法を教えてと言ってきます。

　過去に何千人もの人を見てきた私には分かるのですが、マインドができていない人が競馬で勝ち続けるのは不可能です。これは競馬だけではなく、ビジネスにしても投資にしても一緒です。ダイエットや語学の習得などでもそうです。確かに知識やノウハウは大事です。しかし、それだけではダメだということはダイエットをイメージしてもらえば分かると思います。今よりも痩せたい人は多いので、ダイエット本や痩せるノウハウは世にありふれています。これだけ痩せるノウハウがあるにも関わらず、それでも痩せられない人がごまんといるということは、ノウハウだけでは限界があると言えるのではないでしょうか。

トップ１％になるためには

　私は競馬で勝てるようになって人生が変わりました。これは紛れもない事実です。それは単にお金が増えたからとかという次元ではなく、本当に人生が楽しくなったのです。友達も増えましたし、人間関係もよくなりました。旅行やグルメなどの趣味も楽しむことができるようになりました。

　そのきっかけをつくってくれたのが競馬だというのは間違いありません。常に負けていた競馬で勝てるようになり、自分に自信がついていったのです。

　ただし、そこに行くまでの道のりは決して楽なものではありませんでした。それまでの私は、完全に自己中心的でした。出来ないことや失敗は全て誰かのせいにしていました。馬券が外れた場合でも同様で、あの騎手の乗り方が悪いとか、どこそこの情報サイトの予想が悪いとかといった感じで必ず誰かのせいにしていたのです。

　しかしある時、それでは何も変わらないことに気づきました。自分が変わるしかないのだと。こんなことを書くと自己啓発本のようですが、何かを良くしようと考えた時に、まわりを変えるのではなくまずは自分が変わるしかないのです。

　私は負け組である自分が嫌で嫌で仕方がなかったので自分を変えることにしました。

　結果、自分の考え方が変わることで、まわりの見方も変わりました。そして、時間はかかりましたが、あらゆることがうまく回っていくようになりました。それもこれも自分中心の考え方から、他者のことを考えられる余裕ができたからだと思います。

　もしもあなたがトップ１％や競馬勝ち組になろうと思った場合には、これまでの価値観を変えていく必要があると思います。

　もしかすると、そこには苦痛が伴うかもしれません。これまで正しいと思っていたＡという考えが、実はＢだったとなるわけです。トップ１％の人が教える内容なので99％の人には理解し難い話だった

りもするのです。

　ここで素直な人は「成功者の言っていることだから自分も真似してみよう」と新しい価値感を取り入れることができるのですが、なかなかそうはいかないのが現実です。

　その時には、まず最初からノウハウを否定するのではなく、こういう考え方もあるというように捉えるようにしましょう。そして今までの自分の考え方とは違うけど、トップ1%になるために新しい考え方を取り入れてみる柔軟さを持つことが大切です。

　本書では、私がこれまで競馬勝ち組になるために取り入れてきた成功哲学や考え方（マインド）などを全部教えていきます。あなたはそれを真似するだけで良いのです。

競馬で勝った先にあるもの

　最近の私は競馬以外でも、相談を受けることがよくあります。職場や人間関係の悩みであったり、副業や起業のことであったり、恋愛や結婚の悩み相談であったりもします。以前の私は自己中心的でしたので他人には全く興味がありませんでした。もちろん誰かの相談に乗ることはほぼありませんでした。それも自分に余裕が無かったので仕方のないことだと思います。それに、人生がうまくいっていない人に相談する人はいませんよね。

　最近の私は、ブログやSNSで楽しく充実した写真をたくさん載せていることもあり、そこに興味を持ってくれる人も多いみたいです。自分もそうなりたいと言ってくれる人もたくさんいます。また私がきっかけで競馬をはじめる人もいたりするので嬉しい限りです。

　自分に自信が持てるようになったのも、友達が増えたのも、人生が楽しくなったのも、全ては自分を変えていったからです。自分が変わることによって、見える世界も違ってきたことも確かです。

　私は競馬が大好きですし、これからもずっと競馬と向き合っていくことでしょう。

競馬は本当に楽しいので、もっと多くの人に知って欲しい思いがあります。以前の私でしたら、自分さえ儲かればいいという考え方でした。しかしそれでは限界があることを知りましたし、実際に儲けることはできませんでした。

　良い情報は全て共有することが大切です。私は常に予想をメルマガやLINE＠でフォロワーさんに共有しています。これから競馬を始める人にもそうですが、今まで競馬で勝てなかった人が勝てるようになれば、もっと競馬のことが好きになると思うのです。そのきっかけをつくりたいという思いが私にはあります。

　もしもあなたが何かうまくいっていないことがあるとすれば、必ずこの本の中に解決策があるはずです。

　私は、競馬で勝つために取り入れた方法を他でも応用したら、競馬とは全く関係の無いジャンルでも結果が出せるようにもなりました。いろいろな問題解決も可能になっていったのです。なので、本書を読んでくれているあなたにも問題を解決して欲しいですし、もちろん競馬で勝てることを実感して欲しいです。そして自信をつけてもらいたいと思っています。この本を通じて、あなたの人生が今よりもずっと豊かになっていけたら幸いです。そのぐらいの内容が詰まっています。

2019年11月吉日　筆者

目次

第1章

3つのポイントを教えます

その1　勝ち組と言われる人の考え方を知ろう

　競馬であれ人生であれ、そこには勝ち組と呼ばれる人達が存在します。

　人生の勝ち組と言えば地位や名誉や財産を得た人をイメージします。また異性からモテモテになっている人や幸せな結婚生活を送っている人などでしょうか。しかしそこに勝ち組の定義はありません。お金が無くても幸せそうにしている人もいて、そんな人が勝ち組と呼ばれることもあるからです。

　しかしギャンブルの場合は分かりやすく、勝っているか負けているかだけです。例え100円であれ、年間を通じてプラスになっていれば勝ち組です。極端な話、年に1回しか馬券を買わずそこで勝っている人も勝ち組です。ここに反論する人もいることでしょう。なんで100円勝っただけで勝ち組なんだと、年に1回だけでいいなら俺でも当たるとか。

　しかし考えてみて下さい。馬券を買っている9割以上の人は年間を通じて100円すらプラスにできないのです。むしろ、何万円も何十万円も損している人が大多数です。

　以前に私はメルマガの読者さんに「昨年は競馬でいくら負けましたか？」というアンケートを取ったことがあります。200人ぐらいから回答が来たと記憶しています。

　この回答を見て私は驚愕しました。昨年1年間で最高に負けた人は一体いくら負けたと思いますか？

　なんと、1年間で3500万円負けたそうです。家が買える金額を競馬につぎ込んだというのだから驚きです。聞くところによると、その人は最高で年間に1億円以上勝ったことがあるそうです。しかしその後は6000万円負け、2000万円負けといった具合で、結局先に言った3500万円負けたこともあり、もう競馬を止めると言っていました。アンケートで2位だった人は、1年間で2000万円の負け

だそうです。皆さん恐ろしいぐらい競馬にお金使っているんですね、、、、負けた金額はこの2人が飛び抜けていましたが、他の人でも年間100万負け、200万負けといった人は結構いました。一番多かったのは30～50万円の負けでした。

　私の読者の人だけでも2000万円負け、3500万円負けという人がいたり、多くの金額を競馬で負けているのです。競馬人口全体では物凄い人数になるでしょうし、ＪＲＡに払った金額も恐ろしい額になりそうです。

　何が言いたいのかと言うと、それだけ競馬で勝つのは難しいということです。1年間で30万円負けた人も3500万円負けた人も、おそらく相当に競馬を研究し馬券を購入していたはずです。それでも結果負けてしまっているわけです。

　運良く1年間はプラスだとしても、その後が続かないことが大多数です。

　競馬の予想家の中には相当に研究熱心な人も多くいます。血統の専門家や調教ハンター、データの達人、のような「その道の専門家」もたくさんいるわけです。しかし、そんな専門家の人達が、実際に競馬で勝ち組になっているという話は聞いたことがありません。なので、競馬で勝つには知識やノウハウだけでは不可能ということがわかります。だとすれば、勝ち組になるためには何が必要なのでしょうか。端的に言うと、それは考え方（マインド）です。マインド抜きにして、競馬で勝つことは不可能です。詳しくは第2章で書いていますので、そちらを熟読するようにしてください。そもそも競馬の勝ち組というのは勝負に臨む心意気からして違います。それまでに積み重ねてきたものがあるので、このレースは絶対に勝つという確信を持って勝負に臨みます。一方、競馬で常に損している人というのは、当たればいいなとか、どうせまた外れるだろうな、といった気持ちで馬券を買っていることが多いです。どうせ外れると思って買った馬券が当たると思いますか？　そんなことに大切なお金を使うのでしょ

11

うか？　競馬に限らず、仕事でもトレーニングでも何かをするのに「マインド」はとても重要です。自身のマインドセットをしっかりさせた上で競馬に臨むようにしましょう。自信だけあってもそれを裏付けるデータが無ければ実際に勝つことは難しいですが、勝負に臨む以上は「絶対に勝つ」と決断していくことがよいです。

　それから目標が大事です。競馬でどのくらい勝ちたいのか、勝って何がしたいのか。ここを明確にしておいた方がいいです。もしも年間に100万円勝ちを目標にしたとすれば、回収率150％だとして投資金は200万円が必要になります。そして回収率150％を達成するためには、どのように取り組むかを最初に決めておくのです。決して簡単な数字ではありませんが、目標を決めないことには達成もあり得ません。それから、もしも年間を通じて勝った場合に、何がしたいのかも明確にした方が良いです。目標が明確であればあるほどにやる気も違ってくることでしょう。

その2　お金は生き物であるからお金に好かれる人になろう

　競馬はギャンブルなので、常にお金がつきまといます。馬券が当たればお金が入ってきますし、当たらなければお金が去っていきます。当たり前のことです。それでは、馬券が当たる当たらないという話の前に、どうしてお金はあるところにはあり、無いところには無いのかについて考えてみましょう。

　親から引き継いだのでお金があるという話や、事業がうまくいって大金を得たという話はよく聞きます。また株や不動産に投資してお金持ちになったという話も聞きます。一方、宝くじを当ててお金持ちになったという話や、競馬で勝ってお金持ちになったという話は聞いたことがありません。

　実際に宝くじで1等を当てた人の8割は破産しているというデータも出ているくらいです。それではどうして、大金を得ながらもお金持ちになれないのでしょうか。それはお金の扱い方を間違っている

からです。お金を扱えない立場であるにも関わらず、急に大金が入ってきてもコントロールできないのです。

　私はこれまでに多くの成功者と呼ばれる人たちと出会ってきました。またそうではない人とも沢山出会ってきました。そこで分かったことがあるのですが、成功者の多くは「お金はモノではなく生き物」という考え方をしているということです。もしもお金が生き物だとしたら、あなたはお金に好かれる人になっていますか？　そもそもの話ですが、人からも好かれないのに、お金に好かれることは不可能です。人もそうですが、お金も人を選ぶのです。あなたのまわりに友達は多いですか？　家族や職場の人からは慕われているでしょうか？　お金儲けを考えることもいいですが、まずは自分のまわりの人間関係を良くしていくことが大事です。人が寄ってくる自分にならないと、お金も向こうからは寄って来ることはありません。

その3　本物の情報を知る必要性

　巷には競馬必勝本や予想法、予想ソフトなどがありふれています。
　また個人の予想家から、それなりに大きい予想会社まで、競馬の予想に関わる人たちは数多く存在しています。最近ではSNSで有名になっていく若手の予想屋がいたり、元騎手や元調教師なども予想を出していたりします。さらにインターネットやスポーツ新聞にも数多くの予想会社が広告を出していますので、あなたも一度くらいは見たことがあると思います。これだけ多くの情報が氾濫していますので、素人は何を信じていいのか分からないはずです。数多くの情報の中に1割ぐらいは当たる情報があるかもしれません。しかし残り9割はハズレなのです。よって損する人が圧倒的に多くなります。
　自分で予想して馬券を買い、ハズレて損するのなら納得もいくことでしょう。しかし、世の中そればかりではなく、他人の情報に乗って損している人も多いというのが現状です。

こんな情報会社には注意

　私がこの本を書こうと思った理由の一つに、情報会社の詐欺被害を無くしたいという目的もあります。この本を最後までしっかり読み、その通りに実践すれば、今後は情報会社に高いお金を払う必要は無くなるでしょう。それでも情報会社は次から次へと増え続けていきますので、気になることもあると思います。私もいくつかの情報会社を利用したことはありますし、読者さんから口コミを集めたこともあります。結果、どこの予想が良く当たり勝てる、というのは正直わかりませんでした。

　ギャンブルなので勝つときもあれば負けるときもあります。しかし、絶対に手を出してはいけない予想会社はわかります。それは、どんな予想会社でしょうか。一言でいうなら、「派手に広告を出している会社」です。新聞や雑誌などに高い広告費を払っている以上は、それ以上に資金を回収しないといけないわけです。回収するためには沢山の人から情報料をいただかないといけません。そのために毎週100万単位で儲かったとか、年間回収率300％などと派手に宣伝しているのです。あまりにも大げさに謳っているところは、個人であれ会社であれ、ほぼほぼ詐欺ですのでお気をつけください。

　競馬なので一時的に100万円を超える配当はあるかもしれません。しかしそれが毎週続くとは到底考えづらいです。画像はいくらでも加工できます。また回収率ですが、年間収支をプラスにできる人すら少ないのに、回収率が300％ということはどう考えてもおかしいです。年間で回収率300％を超えようと思えば、毎週馬券を当て続けないと不可能です。数字を出して計算すればすぐに分かります。

　このようなことは、少し考えたら分かりそうなことですが、悪徳情報会社の被害にあう人たちは、美味しい話だけを信じてしまう傾向が強いようです。

　あなたも一度ぐらいは情報会社の無料予想に登録したことがある

のではないでしょうか。登録すれば毎週メールで無料予想が届きます。真面目に予想をお届けしている会社もありますが、中には大量に案内メールを送りつけたり、電話で営業をかけたりする悪徳情報会社もあります。そのような誘いには乗らないようにしましょう。私の読者さんでも被害に遭った方が何人かいます。言葉巧みに必ず当たるレースがあるとか、今週は200万円儲かる、などと旨い話を持ち掛けてきます。簡単に儲かる美味しい話はありませんので、絶対に信じないようにしましょう。馬を見る目も大事ですが、情報会社を見る目はもっと大事です。

あなたは誰から予想を買いますか？

　最近はnoteやヤフオクなどを使い、誰でも予想を販売することが可能になりました。予想の料金も様々で100円単位から10万円以上のものまであったりします。ここで情報を購入するにしても注意が必要です。販売者はおそらく過去の実績を載せて情報を販売していると思います。もちろんそこには儲かった結果しか載せていません。それはたまたま当たった時の結果かもしれませんし、トータルでは大損しているかもしれません。画像などはいくらでも作れてしまいますし、結果の改ざんも簡単なわけです。自分で予想しても当たらない場合は、過去の私もそうだったように誰かにすがりたい気持ちは分かります。過去にこれだけ当たっているならと思って、信用したくなるでしょう。しかし、注意しなくてはいけないのは、相手がどこの誰かも分からない人だということです。ですので、情報を購入する場合には負けて諦めのつく金額に留めておくようにしましょう。予想に数万円払ったとしても、当たらない時は当たりません。それに馬券の払戻し金額プラス情報料を回収しないとプラスにはならないわけです。馬券が外れて悔しい思いをするのは販売者ではなくあなたです。

情報会社の判断基準とは？

　もしも私が誰かの情報を購入するとすれば、その人のブログやＳＮＳは全部チェックするようにします。プロフィール確認は必須です。その人がどんな人で競馬の予想販売を何年間やっていて、どのような予想をしていて、的中率、回収率はどのくらいあるのか、などを全部見るようにします。予想ジャンルも最近は誰でも参入可能なのですが、やめていく人も多いです。予想が当たらなければ読者やファンは離れていきますし、そうすれば有料販売も止めるしかありません。儲からないと分かれば去っていくのは仕方のないことです。私の場合ですが、もしも情報を購入するとすれば、その人が競馬予想（ブログなど）を最低でも３年以上続けていることが条件になります。過去の実績ももちろん大事ですが、競馬愛が無ければ３年以上は続かないからです。これは何も競馬予想に限らず、飲食店でもいえることです。新しいラーメン屋さんやイタリアンのお店などは、毎年たくさんオープンしていきます。しかしその８０％以上は３年以内に閉店してしまうのです。それぐらい続けるということは難しいです。それから無料予想を出しているかどうかも判断基準の一つになります。この人が普段どんな予想をしているのか、まずはお試しで入ってみるのです。無料予想が当たらないのに有料予想が当たるはずはありません。そこを１ヶ月ぐらいチェックします。中には過去実績だけ載せて、無料予想を出していない会社や個人もいます。無料予想も提供できていない会社は信用できないので関わらない方がいいでしょう。

第2章

なぜ競馬で勝てないのか

競馬の勝ち負けについて考えるときには、必ず控除率を覚えてお
かないといけません。競馬は日本中央競馬会（JRA）が主催している
公営ギャンブルです。馬券を購入した際には、必ず主催者に**「控除率」**
と言われるマージンを支払うことになっています。控除率は馬券種
によってパーセンテージが異なりますが、大体**20％〜25％**です。つ
まり、**馬券を10,000円購入した時点で、2,500円負けている**ことに
なるのです。これはあまりにも大きなハンデになります。しかし公営
ギャンブルなので仕方のないことです。ちなみに地方競馬や競輪、競
艇など他のギャンブルでも控除率は約25％になっています。これが
ギャンブルで勝てない理由の一つです。

　競馬と同じギャンブルのパチンコは控除率が15％ですので、比較
的勝ちやすいと言えるでしょう。一方、宝くじの控除率は55％です。
他のギャンブルに比べると、宝くじの控除率が圧倒的に高いことが
分かります。宝くじはギャンブルとは違いますが、これほど勝つの
に難しいゲームは世界中を探しても他にありません。お金持ちにな
りたいから宝くじを買うという発想は現実的では無いので止めた方
が良さそうです。

競馬にも勝ちパターンがある

　続いて競馬で勝てない理由ですが、レースの選び方が悪いとか馬
券の買い方が悪いということもありますが、そもそも**「勝ち方を知
らない」**ことが挙げられます。野球やサッカーでもそうですが、ルー
ルを知らなければプレイはできませんし、勝つことは不可能です。そ
れはギャンブルであっても同じで、勝ち方を知らなければ勝つこと
は絶対に不可能なのです。たまたま運よく勝てることもあるでしょ
う。しかしそれは、たまたまであり長くは続かないのです。勝つため
に必要な法則を知らないといけません。これは何も競馬に限った話
ではありません。あらゆることに当てはまります。何かを成し遂げた
り、成功していくためには必ず法則があります。その通りにやれば高

確率で達成できたり、成功できるようになっているのです。たくさん本を読めば賢くなっていきますし、健康的な食生活をしていれば長生きもできます。コミュニケーションのレベルを上げれば人間関係だってうまくいくことでしょう。大事なのは、成功の法則を取り入れること、つまり勝っている人の真似をするということです。こういうことを書くと必ず反論する人がいるものです。本を読まなくても社長になれるとか、煙草を吸っていても長生きはできるなどとか。

　確かに例外はあります。しかし、それはあくまでも例外であって少数なわけです。ですので、競馬やギャンブルでも勝っている人の真似をすれば勝てる確率が高くなることは間違いありません。それも少しだけ真似をするのではなく、**100％真似する**ことが大切です。馬券の買い方だけではなく、物の捉え方や考え方など全てにおいて全てを真似するようにするのです。完璧に真似をすれば、その人に近い結果が得られるはずです。

　さらに、勝てない理由のひとつに「情報不足」が挙げられます。同じレースで勝負するにしても、情報が無いよりはあった方がいいですし、少しの情報よりは圧倒的に多い情報量があった方が有利に決まっています。競馬では血統に特化した予想をしている人が多く見受けられます。東京の芝1400mコースならダイワメジャー産駒が強いとか、京都の芝ならディープインパクト産駒だが、芝2400mコースならディープインパクト産駒よりもハーツクライ産駒が良いとか、阪神のダート1200mコースならサウスヴィグラス産駒が良い、といった感じでコースと血統に関する情報量が半端なく多かったりするのです。しかし血統を重視しすぎるが上に、他の要素を見逃していることがあるのも事実です。競馬予想は血統だけでは成り立ちません。それは調教中心の予想をしている人にも言えますし、過去データを用いた予想をしている人にも言えます。**情報が偏っていては駄目だ**ということです。人は自分の好きなことには熱心になれます。それは競馬の予想でも同様で、自分が好きな情報は熱心に集めるよう

になります。好きな情報を集めることは決して悪いことではありません。しかし、それはあくまでも手段であることを忘れてはいけないのです。私たちの目的は**「競馬に勝つこと」**です。そのための手段として、血統や過去データや調教や騎手や厩舎やパドックなどの情報を集めていくのです。総合的な情報収集を心掛けたいものです。

予想屋マサと競馬の出会い

　ここで予想屋マサがどのように競馬の世界に入ってきたのかをお伝えしようと思います。私が競馬に出会ったのは高校生の時でした。当時はオグリキャップが話題になっていて、一種の社会現象になっていました。私もテレビでオグリキャップを知り、同級生の影響などもあって毎週競馬中継を見るようになっていました。もちろん馬券は買えませんでしたが、この頃から予想だけはしており、予想が当たると1人で喜んでいました。週末はよく友達とゲームセンターに行ったのですが、友達がテトリスをしているのをしり目に、私はひとり競馬のコインゲームをしていました。当時はほとんど勘でしかなかったのですが、なぜか当てまくりコインを増やしていた記憶があります。高校を卒業して仙台の大学に進学したのですが、そこでも競馬への想いは変わりませんでした。GIの週になるとスポーツ新聞を買っては予想を楽しんでいました。それから競馬ファンの人はご存知だと思いますが、ダービースタリオン（通称ダビスタ）というゲームにはまっていました。このダビスタがとても面白くて、寝る間も惜しんでは遊んでばかりいました。さらに馬券の買える年齢になると、実際に競馬場まで行って馬券を買うようになりました。今のようにインターネットで馬券を買うことができない時代でしたので、仙台からわざわざ福島競馬場まで馬券を買いに行っていました。トウカイテイオーやメジロマックイーンらが活躍していた時代です。懐かしいですね。このように、少し変わった学生時代を送っていた私ですが、大学を卒業した頃からはなぜか競馬熱が冷めてしまい、競馬

とは距離をおくようになりました。その後も新聞やニュースで競馬の話題を見ることもありましたが、以前のように熱くなることはありませんでした。

再び競馬の世界へ

それから時は流れて、私は京都で就職していたのですが、たまたま職場の先輩が休憩所で競馬の話をしているのを耳にするようになりました。飲み会に行くと、毎回そこでも誰かが競馬の話がしているのです。そうなると導火線に火が付いたように、私も一気に競馬にハマっていくようになっていきます。こうして、良かったのか悪かったのか、私は競馬の世界へと戻って行くのでした。ちょうど、コスモバルクやキングカメハメハが活躍していた頃です。

さて、このように再び競馬の世界へと戻ってきた私ですが、当時から勝てていたわけではありません。最初に書いたように、**完全に負け組**でした。3連単の馬券が新しく導入された頃でしたので、私も3連単を当てたくて3連単ばかりを買っていました。3連単の配当はとても魅力的で、単勝や馬連とは違い、10万馬券や100万馬券が頻繁に飛び出していたからです。私も100万馬券を獲ってやろうと、いろいろ試してみました。もしも100万馬券を当てようと思えば、人気の無い馬を買わないといけません。馬券はフォーメーションで買うので買い目も多くなってしまいます。人気馬を外しての完全な穴狙いですので、そんな馬券が当たるはずはなく損するばかりでした。どれだけお金を使ったかも分かりませんが、とにかく競馬にお金を使いまくっていました。競馬ソフトも流行っていたので、買ってみたこともありますが、それでも結局100万馬券を獲ることはできませんでした。2005年6月からは即PATが誕生し、インターネットで馬券が買えるようになりました。とはいっても現在のように誰もがネットで馬券を買う時代ではありません。最初は私もインターネット投票は利用していませんでした。ということは、わざわざ

21

馬券を買いに行く必要があります。週末になると毎週のように、京都競馬場や祇園のWINSまで馬券を買いに行っていました。自分が行けない時には、友達に頼んで買ってきてもらいました。毎週馬券を買うのが習慣になっていたのです。

競馬を生で観るのは楽しい

　私はギャンブルとしての競馬はもちろんですが、実際に馬を見るのも好きなので、よく競馬場で生観戦していました。野球やサッカーもテレビで見るより生で見た方が楽しいのと同じで、競馬も生で見た方が臨場感も伝わってきて楽しいのです。現在でも私はよく大きなレースは現地で観戦しています。桜花賞、天皇賞春、宝塚記念、菊花賞はここ10年ぐらい毎年現地で見ていますし、最近は日本ダービーも現地で見るようにしています。

　私が再び競馬にはまり出した直後にディープインパクトがブームになりました。当時がオグリキャップに続く第二の競馬ブームだったかもしれません。私もディープインパクトの走りが大好きで、出走するレースはよく競馬場まで見に行っていました。無敗で三冠を達成した菊花賞も現地で見ていたのですが、この日のことは今もなお鮮明に覚えています。その日、京都競馬場の入場者数は13万人でした。普段の京都競馬場はＧⅠレースの日でも６万人ぐらいの入場者数ですので、この時の入場者がどれだけ多かったかが分かります。その菊花賞を身動きの取れない状態でレース観戦し、馬券も外れ、大渋滞の中で帰ったことは一生忘れないことでしょう。私はＪＲＡの全競馬場へも行きましたし、東京や中山競馬場での大レースも現地観戦したことがあります。しかし、後にも先にもディープインパクトの菊花賞以上の混雑を経験したことはありません。

　レースを現地で見るのもいいですが、**競馬は馬券を当てることが**最大の楽しみです。どうにかして馬券を当てたいのです。しかし当時の私は勉強もせずに競馬をしていましたので、ほとんど当たりませ

んでした。圧倒的に負ける日が多かったです。馬券も3連単を中心に買っていましたので、そんな簡単に当たるはずがありません。

　毎週馬券を買いますので給料の大半は競馬に費やしていくわけです。他にやりたいこともなかったため、多くの時間も競馬に費やしていました。今にして思うと、それだけ多くの時間とお金をかけていれば、難しい資格の勉強とか英会話の取得とか他に何でもできたのではないかということです。反省することばかりです。

　当時、私の職場ではパチンコで勝っている人は1〜2人いましたが、競馬で勝っている人は誰もいませんでした。話を聞いていればすぐに分かります。たまに当たったという話を聞きますが、それ以上に損した話の方が多いのです。自分も負けていましたので、自分よりも多くの額を負けている人を見ては、あの人よりはマシだと自分で自分を慰めていました。本当に悲しすぎる過去です。

勝ち組になるためにはどうすれば良いのか

　競馬で勝っている人は少数ですが確実に存在します。そんな競馬で勝っている人達はどのように競馬で勝っているのでしょうか。競馬で勝ち続けるためには、ノウハウやテクニックだけでは不可能です。どんなに優れた予想だとしても、絶対にマインドが必要になってきます。勝っている人は、明らかに一般の人達とは違った考え方をしています。勝負師と言われる人達もそうです。

　私も競馬のノウハウや予想法はたくさん学びました。しかしそれだけではどう頑張ってもトップ1％どころか、トップ10％にも行くことはできませんでした。

　そこで、私は予想や馬券術を研究する以上に、ビジネス書などを読んで成功者の考え方を学んでいくことにしました。うまくいっている人の習慣やマインドを知りたかったからです。いろいろ勉強していく中で、いくつか分かったことがあります。それは成功者には**「絶対にやらない」習慣**があったのです。面白いことに、競馬で負けてい

る人は、この成功者の「やらない習慣」をしてしまっている傾向が強いのです。うまくいく人と逆のことをしているのですから競馬でも勝てない、当たり前の話ですね。

「何かをやる」習慣も大事ですが「やらない」習慣はもっと大事だったりします。ここでは、成功者が「やらない5つの習慣」を紹介したいと思います。

成功者がやらない5つの習慣
1　ネガティブな言葉を口にする
　成功者には、ポジティブな考えの持ち主や、人の気持ちを理解できる性格の人が多いです。一方、成功できない人はネガティブな言葉を口にすることが多くあります。何事に対しても、「それはちがう」「それは無理」「それはできない」というような否定から入ってしまうのです。

　今月は競馬で100万円プラスにして下さい、と言われた場合に「それは無理」と言ってしまうような感じです。ネガティブな言葉を口にすると成功が遠のきますので注意が必要です。もしもこれまでに「できない」とか「それは無理」という言葉をよく使っていた場合には、今後は「できる」「やってみる」というような言葉を使うようにしましょう。成功者は絶対にネガティブな言葉を口にしません。今月100万円をプラスにして下さいと言われた場合は、どうすれば100万円をプラスにできるのかを徹底的に考えます。

2　言い訳や責任逃れをする
　馬券が外れると、あの騎手の乗り方が悪いとか、あの競馬新聞が悪いとか文句を言っている人がいます。しかし、それは単なる責任逃れです。最後に購入を決めたのは自分ですので、それを誰かのせいにしたり、責任逃れするのは間違っています。

　騎手や他人の予想が信用できなければ買わないという選択もあったはずです。一方、成功者は絶対に言い訳や責任逃れをしません。失敗やトラブルが起きた時には**「責任は自分にある」**と認めることができるのです。

　誰かのせいにしたり、責任逃れをしたとしても、問題の解決にはなりません。失敗した後にどのように考え、どのように行動するかが重要です。馬券を外した後でも同じです。「失敗は成功の基」と昔から言われるように、失敗した後にこそチャンスがあったりします。

3　物事をあやふやな状態で終わらせる

　成功者は、自分を信じているので、決断力があります。明確な目標を持っており、それに向けて勉強や努力をしてきているので、今、何が必要なことかを判断し、決断できるのです。行こうかどうしようか、買おうかどうするかで迷うことは少ないです。うやむやな答えは出さずに、YESかNOで判断します。あなたも気になる馬がいた時に買わないで後悔したことはありませんか？　あの時買っていれば良かった、という経験があることでしょう。成功者は物事をあやふやな状態で終わらせることはありません。買う時は買う、買わない時は買わないの二択なのです。たらればを言っても仕方がありません。

4　ミスをいつまでも引きずる

　失敗をマイナスに捉えず、次のステップへの糧になることを成功者は知っています。

　仕事でも恋愛でも競馬でも「どうしてこうなってしまったのか」と結果を悔いて落ち込む人は多くいます。女性の場合は比較的切り替えが早いのですが、男性は長く引きずってしまう傾向が強いようです。ミスは誰にでも起こり得ますが、長く引きずっていても良いことは一つもありません。成功者の場合は、「失敗した原因は何だったのか」「次はどうしたら良いのか」など、失敗を常に前進に繋げる考え方

ができます。例え勝負馬券を外して大損したとしても、その反省を活かして次に繋げていくのです。成功者は失敗して落ち込んでしまう時間も無駄にはしません。

5　安定志向で現状に満足してしまう

　成功者は、向上心が高く常に成長したいと考えています。高い目標を持ち続け、それに向けての勉強と努力を惜しみません。競馬の場合は、一度でも大きな配当を当てたり、年間回収率がプラスになったりすると、そこで満足したり、ここぞとばかりに天狗になったりする人もいます。しかし、本当の意味で勝ち組にいこうとするなら、そこからが本当の勝負だと思った方がいいでしょう。何かビジネスで一つ成功したとしたら、次のビジネスを考えるようにします。もしも回収率150％を達成できたとしたら、次には200％を達成するためにはどうすれば良いのかを研究するようにします。そうして成長していくのです。この本を読んで、もしもあなたがトップ１％になったとしたら、次はトップ０.１％を目指していって欲しいと思います。

　以上、**成功者がやらない５つの習慣**です。いかがでしょうか。競馬で負けている人に当てはまる内容が多いと思いませんか？　ネガティブな言葉を口にしたり、言い訳や責任逃れをしたり、ミスをいつまでも引きずったりという不必要な習慣は、今後は「絶対にやらない」と決めましょう。成功者の習慣を真似していけば、必ず良い結果が生まれてくるはずです。

競馬勝ち組に共通する３つの共通点

　競馬でトップ１％を目指すあなたには具体的な競馬の手法についても知っておいてもらいます。

　私がこれまでに出会ってきた競馬勝ち組の人達は何人かいますが、その人達には３つの共通点がありました。それは**「レースの選択が上手い」「他人の意見に左右されない」「常に競馬を研究している」**

この３点でした。

　彼らの馬券種は臨機応変で単複であったり、ワイドであったり、時には３連単であったりもしました。馬券種は手段に過ぎず、本質とは違うようです。

　それでは、競馬の勝ち組の共通点を一つずつ解説していきます。

　まず**「レースの選択」**ですが、競馬勝ち組の人達は本当に自信のあるレースしか買いません。自分の中で「ここは100％当たる！」という確信が持てるレースのみで勝負しています。余計なレースは買いません。

　もちろん確信があったからといって必ず当たることはありませんが、超厳選されているので当たる確率が高いのです。このような絶対的な確信を持てるレースというものは１日に２～３レースあれば良い方です。全く無い日もあったりします。

　絶対に当てる自信のあるレースで勝負することが勝ち組になるための条件と言えるでしょう。当然ですが、絶対に当たるという思い込みではなく、当たる裏付けが必要です。裏付けなくしての確信はあり得ません。

　またその勝負レースが外れたからと言って、急遽他のレースで取り戻そうなんていうのは絶対にＮＧです。勝てるレースで勝負する、これを意識しましょう。

　それと、本当に競馬で勝っている人達は、予想の難しいＧⅠレースなどでは勝負はしません。長年競馬をしていれば分かると思いますが、ＧⅠレースを当てることは本当に難しいのです。有力馬が多く出ているＧⅠですので馬券を買いたくなる気持ちも分かります。しかしそこは見るレースと決めて馬券は買わない、それが勝ち組への第一歩です。

　続いて**「他人の意見に左右されない」**

　競馬新聞を開けば、この馬は本紙が◎だとか、自分は気になる馬なのに全くの無印だとかなど、トラックマンの印が気になります。

競馬情報サイトやブログ、SNSなどからは他人の予想が嫌でも入って来ます。自分が買おうとしていたレースで、他の馬を強く推された場合に、どうしても気になってしまうのです。

　そんな場合でも、競馬勝ち組の人達は決してブレません。自分がこうだと信じた馬は最後まで貫くのです。あなたも他人の意見に惑わされて自分の予想を変えたことありますよね？　それで当たればいいですが、もしも外れた時の悔しさといったら尋常でありません。あの時、自分の予想を買っていればと酷い場合には数ヶ月間引きずることでしょう。いかにもプロっぽい人の意見には心を揺さぶられそうになるものです。前述の成功者の特徴でも書きましたが、成功者は他人の意見にも素直に耳を傾けますが、決して流されることはありません。自分の意思がしっかりしているからです。

　「他人の意見に左右されない」初めは難しいかもしれせんが、これを実践していくようにしましょう。

そして「常に競馬を研究している」

　いつも負けている人がたまたま競馬で勝ったりすると、浮かれてそのまま飲みに行ったりパチンコに行ったりするものです。また翌週の競馬で、先週に勝ったこといいことに予算を多めにしたりします。それで負けて結局は損して終わりのパターンです。

　しかし、競馬で勝っている人は一時的な勝ちに満足しません。人間なので嬉しいときは喜びますが、決して浮かれたりせず常に競馬のことを考えて研究しているのです。これも前述した成功者の特徴に似ていることが分かります。

　競馬の場合は競輪や競艇とは違い、馬が走るので考えるべさ要素が多くあります。同じコースを同じメンバーで走ったとしても、その日の天候であったり馬の体調であったりで結果が変わってくるのも競馬だからです。

　なので競馬の勝ち組の人達は、常に競馬について研究しています。

過去のレースを100回以上も繰り返し見たり、血統の本を50冊以上も読んだり、わざわざ牧場に足を運んだりと、大半の人がしないようなことを平気でしていたりするのです。とにかく情報収集力と勉強の意欲が半端ないことが分かります。

　なので逆にいうと、競馬の超オタク的みたいな人だと、もしかしたら競馬に勝ちやすいかもしれません。それもデータや血統など一部の情報に偏るのではなく、総合的に情報を収集できればトップ1％にもなれそうな気がします。

　以上3点が勝ち組に共通している要素ですが、ここで忘れてはいけない最も大事なことがもう一つあります。これだけは絶対という内容です。

　それは**「引き際を間違えない」**、ということです。勝ち組のスタイルですが、基本は**勝ち逃げ**です。おそらく競馬に限らず、勝負事の鉄則は勝ち逃げになるでしょう。

　勝ち逃げなので、少額であっても勝ったら終了です。また1日の予算を決めていますので、負けたらそこで終わりにします。勝ったからもう1レース！とはいきません。

　簡単なようですが、これが非常に難しいのです。人間には欲があり、勝てばもっと欲しくなりますし、負けたら負けたで取り返したくなります。あなたもそんな経験が何度もあるでしょう。あの時に止めておけば良かったと。

　競馬で勝つためには**メンタルの強さ**が絶対に必要になります。いろんな誘惑が来ますので、それを絶たないといけないのです。感情のコントロールです。これができないとトップ1％になることはできないのです。

　あなたもこのような話はどこかで聞いたことがあるかもしれません。しかし、知っているのと実践しているのとでは結果が全然違ってきます。なので、これを頭に入れた上で少しずつ実践するようにしましょう。たとえ少額であれ毎回勝ち逃げができるようになれば、トッ

プ１％に近づいたことは間違いありません。

競馬で勝つために必要な情報とは

　世の中には簡単に儲かるとか絶対に勝てるとかそんな話は多いものです。しかし、世間一般に出回っている儲け話の９０％は嘘だと思った方がいいです。私たち人間は、どうしても楽に稼ぎたいですし、楽して儲けたいと思ってしまいます。だからこそギャンブルが流行るのであり宝くじが売れるのです。そして怪しい儲け話があると食いついてしまうのです。

　しかし、よくよく考えてみてください。そんな簡単に儲かるのでしたら、誰でもやっていますし、皆が大金持ちになっています。

　私のまわりで一気に大金を得たという話は、仮想通貨でたまたま当たったという人だけです。競馬や宝くじで5000万円以上儲けて資産を増やしたという話は聞いたことがありません。税金のこともあるので言わないだけなのかもしれませんが、、、。

　そんな仮想通貨も一部で大儲けした人はいますが、競馬と同じで９０％以上の人は損しています。勝っているという話も聞きますが、それは全体から見た場合には圧倒的に少ない人数です。その少数の人達が大きく儲かったことをクローズアップしているだけで、大半の人は大損していたりします。私の友人も１億円以上損している人がいます。

　今後もしビットコインが1000万円になったとすれば、得する人も増えていくことでしょうが、未来のことは誰もわからないのです。

競馬で大儲けすることは可能か？

　話は競馬に戻りますが、競馬でも負け組が圧倒的に多いことは間違いありません。しかし勝ち組が存在することも確かです。それでは競馬勝ち組の人達は一体どのくらい儲けているのでしょうか。

　仮想通貨では100万円が２億円になったというような話は何度か

聞いたことがあります。この場合は１億9900万円の儲けですので羨ましい限りです。

　回収率でいうと、20,000％ということになります。

　一方競馬では、年間を通じて勝っている人の回収率は110〜160％です。これ以上に勝っている人も中にはいるでしょうが、回収率150％以上の人は全体の１％にも満たないと思います。

　もしもあなたがこの１％になったとして、競馬で１億円を儲けようと思った場合には、一体いくら必要になるでしょうか。そうです、２億円の資金が必要になります。

　そんな大金を一般人は持っていませんし、仮にあったとしても競馬に２億円は使わないと思います。

　競馬で一攫千金を夢見る人はよくいますが、本当に大きく儲けたければまずは先に投資金を準備する必要がありそうです。もしくは宝くじを買う感覚でWIN５を買い続けるかしかありません。それでも生涯で大金を得られる確率は極めて低いと思いますが。仮に競馬で大儲けした場合には税金問題も発生しますのでご注意ください。

　さて、競馬で勝つために必要な情報ですが、人間の予想には限界があると思っています。どこそこの競馬新聞の本誌予想はよく当たるとか、ネットで予想している〇〇さんの予想はよく当たるとかという話は聞くことがありますが、それは一時のことであって毎回ではありません。

　私も予想する立場なので、常に全力で馬券を的中させようと予想しています。他の予想家に比べたら当たる確率は高いですが、当然負ける時もあります。これはどんなに素晴らしい知識を持った予想屋さんでも同じです。ギャンブルに常勝は不可能なわけです。最近ではＡＩによる予想も導入されてきましたが、現状ではＡＩ予想も勝ちきれないイメージです。昔から競馬ソフトもありましたが、ソフトを使って儲かり続けたという話はあまり聞きません。あくまでも予想支援に過ぎないのです。

競馬で年間プラス回収しようと思えば、戦略が必要であり戦術も必要になります。いろいろテストする必要もあるでしょうし、時間もお金もかかります。運良く当たったとしても年間プラスにすることは結構難しいものです。ましてや何年間も勝ち組でいることは本当にトップ１％未満なのです。

　それでは、最短で競馬の勝ち組にいくためにはどうすれば良いのでしょうか。それは、過去に結果を出している勝利の法則（馬券術）をそのまま真似するのが最短での近道だと言えます。

　私も過去に予想法や馬券術を**１００以上**は試してきました。中には使えるものもありましたが、結論としては、使えないものが圧倒的に多かったと言わざるを得ません。個人との相性もあるでしょう。現在も数多くの予想法があり、馬券術が存在します。もちろん、尊敬する予想家もたくさんおられます。予想法を一つ一つ検証するのも大変な作業ですし、時間もお金もかかります。今後もさらに新しい予想法や馬券術は誕生していくことでしょう。そんな中であなたは何を信じて良いのかも分からないと思います。

　ここで、現時点で**最も勝てる馬券術を３つ**紹介します。あなたはそれを取り入れることによって、最短最速で勝ち組に近づくことができるはずです。どの手法を取り入れるかはお任せしますが、どれも最高レベルの馬券術ですので使い続けていけば、あなたに多くの利益をもたらしてくれることは間違いありません。

第3章

実際に勝てる馬券術パート1

3連複15点買いで的中率50％超え

馬券種の中でも3連複を好む人は多いです。3連複とは選んだ馬が、着順に関係なく1着2着3着に入る馬券です。3連複には普通に3頭を選んで買う方法以外に、フォーメーション、ボックス、それから1頭軸流し、2頭軸流しなど、より選択範囲を広げる買い方もあります。

ここでは**3連複の1頭軸流し**馬券を用います。

相手には6頭を選びますので買い目は計15点になります。3連複の買い目で15点が多いか少ないかは考え方によると思います。絞りすぎて当たらないよりも買い目を広げて当たった方がいいわけです。もしもそれで的中率が50％超えだとしたら試してみる価値はあると思いませんか？　必要なものは当日のオッズのみです。

3連複の場合は、馬単や3連単とは違い、軸馬が3着までに来れば的中になるので相手選びさえ間違わなければ比較的当たりやすい馬券と言えるでしょう。

しかし、3連複を買っているのに全く当たらない人もいます。よく当たる人もいる一方全く当たらない人もいる。その違いは何なのでしょうか？　それが馬券の買い方です。

いつも競馬で負けている人は、私から見ると3連複でも無謀な買い方をしていることが多いです。例えば、変な穴馬を軸にしてみたり、人気馬を無理やり切ってみたり、極端に買い目を絞ってみたりしています。それでも当たる時はあるかもしれません。しかし、トータルで見た場合には余程のことが無い限りマイナスになるはずです。

高配当を狙うのもいいですが、馬券は当たらないことには話になりません。馬券を外している人よりは、例え配当が安くても馬券を獲っている方が称賛されるのです。とにかく馬券を買う以上は、何としてでも当てにいかないといけません。

馬券を購入する上で、非常に参考となるのが**オッズ**です。オッズが

すべてとは言いませんが、オッズ無くして競馬はあり得ません。馬券を買うすべての人の想いが反映されるのがオッズだからです。オッズで単勝１番人気に支持されている馬の勝率は約３０％です。また１番人気馬の複勝率は６０％以上です。競馬場によっては複勝率７０％近い場合もあります。ということは、ただ単に馬券を当てるだけならば１番人気馬を単勝で３～４回買えば１回は当たりますし、複勝で１０回買えば５回は当たる計算です。

　しかし、１番人気の馬なのでそのような買い方をしていても収支をプラスにすることは不可能です。私たちが勝ち組になるためには収支をプラスにしていかなくてはいけないからです。そこで登場するのが３連複です。競馬ファンに３連複が人気なのは、その配当の良さも関係しているからだと言えるでしょう。

　仮に１番人気馬が馬券に絡んでいても、３連複の場合は５０倍以上の配当がつくことはよくあります。また、人気薄の馬が２着３着に来たりすると、１番人気馬が１着になった場合でも３連複で万馬券になることも珍しくありません。

　このように、複勝率６０％以上の１番人気馬を軸に、相手もオッズで選出された**６頭（２番人気から７番人気）**を選び、３連複の１頭軸で流すだけです。

　この場合ですが、買い目の点数が１５点になるので、もしも１点100円で買っていれば１レースの購入金額は1500円になります。

　レースによっては、１番人気２番人気３番人気で決まってしまう場合もあるでしょう。そうなると、トリガミ（獲って損）が発生します。しかしそれは他の馬券でもあることなので、それほど気にしなくても良いです。的中に変わりはありません。

　馬券がハズレて資金がゼロになるよりはマシです。

　仮に10万円を使って競馬をしたとして、外れて完全にゼロになるよりは、半分の５万円でも返ってきた方が嬉しくないですか？回収率で考えた場合に、馬券が当たらなければ０％、もしも１５点買

いで払戻しが１０倍だった場合には６７％となります。０％と６７％とどちらがいいでしょうか？　獲って損を考えるよりもまずは当てることにフォーカスしましょう。

　競馬なので毎回１〜３番人気で決まることはあり得ません。この買い方をしていれば、２番人気や３番人気馬が馬券圏外に飛んで、６番人気や７番人気馬が馬券に絡んだりすることもあります。そうなると、80倍から100倍以上の馬券が飛び出したりもするのです。

　それでは具体的な馬券の買い方を解説していきます。

①はじめに勝負レースを決めます。

　この馬券術の肝になるのが**コース選択**です。ここをしっかり覚えておきましょう。

　全１２レースの中から１番人気馬の馬券に絡む確率の高いコースを見つけていきます。過去のレース傾向から１番人気馬の勝率、連対率、複勝率などが分かりますので、１番人気の好走率の高いコースを選ぶようにします。もしも、阪神競馬場の場合は、ダート1400m、ダート1800m、芝1600mのコースで１番人気の成績が平均的に高いことが分かります（※表１参照）一方、芝1400mや芝2000mなどは、１番人気の成績が悪いことも分かります。

表１）阪神競馬場１番人気馬の成績

	勝率	連対率	複勝率
ダ1200	32.5%	52.6%	64.1%
ダ1400	34.0%	54.1%	66.9%
ダ1800	34.2%	56.9%	68.5%
ダ2000	36.4%	51.5%	57.6%
芝1200	34.0%	50.0%	63.2%
芝1400	28.7%	49.8%	60.8%
芝1600	33.1%	51.5%	64.4%
芝1800	30.5%	52.0%	64.0%
芝2000	28.4%	43.2%	58.1%

芝 2200	29.5%	47.5%	62.3%
芝 2400	31.8%	45.5%	60.6%
全コース平均	32.1%	50.4%	62.8%

　馬券を的中させるためには、1番人気の好走確率の高いコースで勝負する必要があります。阪神競馬場の場合はダート1400m、ダート1800m、芝1600mでの1番人気成績が良いので、この条件で行われるレースを全て選び勝負レース候補とします。

　この段階で全12レースの中から、勝負レース候補が5～8に絞られるはずです。

　②次に、全ての勝負レース候補で1番人気に支持されそうな馬と騎手をチェックします。

　（騎手の成績は※表2参照）

　騎手の成績を参考に、より信頼度の高い騎手を選び、**勝負レースを3つに絞り込みます。**候補は複数でも良いですが、実際に馬券を買う勝負レースは必ず3つです。騎手はリーティング順に並んでいますので、より勝利数が多く、勝率、複勝率の高い騎手を選ぶようにします。

　例え1番人気馬の好走率の高いコースであったとしても、ジョッキー次第で馬券が外れる場合もありますので、騎手選びは慎重に行いましょう。

　勝負レースは計3つですが、**理想は前半に1つ、中盤に1つ、後半に1つ**ぐらいの割合が良いです。必ずその割合でなくても大丈夫ですが、勝負レースは必ず3つ選ぶようにします。

馬券購入のルール（ここが大事）

①勝負レースは3つ選びましたが、最初のレースで勝った場合にはそこで終了です。買い目が15点なので、配当が15倍以上であれば勝ちです。もしも最初の勝負レースが不的中、もしくは配当が15倍未満の場合は負けになりますので、その場合は2つ目の勝負レ

ースで再び勝負します。

②２つ目の勝負レースで勝ち越した場合は終了です。この場合２レースのトータル配当が30倍以上で勝ちになります。仮に最初の勝負レースで外し、２つ目の負レースでの払戻しが25倍の場合は、２レース目は勝ちですがトータルでは勝ち越していないため**３つ目の勝負レース**に突入となります。

③３つ目の勝負レースが最後の勝負レースになります。文字通り勝っても負けても終わりです。これまでと違うのは、最後の勝負レースのみ**「追い上げ」**で馬券を購入します。この馬券術の的中率は５０％以上なので、２レース目までに勝ち越している場合が多いです。しかし最後の勝負レースを買う場合には、投資金を３倍にします。それまで１点100円で買っていた場合は、最後の勝負レースは１点300円になるので投資金は4500円必要になります。

　勝負レースを３つ決めたからと言って必ず全部を買うわけではないので注意しましょう。原則は勝ち越したら終わり、勝ち逃げです。

　それから、過去に例はありませんが、もしも発走の10分前に１番人気と２番人気のオッズが逆転していた場合には、そのレースの購入は見送ります。

馬券種と購入のタイミング

　馬券は３連複１頭軸流しで単勝１番人気を軸に、相手も単勝２〜７番人気の６頭を選択します。買い目は計１５点になります。**馬券購入のタイミングは発走の10分前**です。それよりも発走時間に近くなるのは問題ありません。しかし発走10分前より前はNGです。馬券が単純なので、朝イチまとめ買いもできないことはありませんが、オッズが変動していくためオススメはできません。

馬券購入のルール（こんな場合は買わない）

・７頭立て以下のレース

- 1番人気と2番人気のオッズ差がない（例：1番人気3.4倍、2番人気3.5倍など）
- 1番人気の単勝オッズが4.2倍以上
- 馬場が重〜不良のとき
- 天候不順などで開催が順延になった場合

馬券術の使用可能な競馬場

中山競馬場　オススメ1位
阪神競馬場　オススメ2位
函館競馬場
札幌競馬場

　上記開催が無い場合は、後で紹介する「実際に勝てる馬券術パート2、パート3」を使用するようにします。方法が単純なため、東京や京都など他の競馬場でも使えそうですが、実際に勝つことは難しくなります。勝ちやすい条件で勝負することが勝ち組への近道です。

参考
表2）1番人気騎手データ（2018年）リーティング順

	勝率	連対率	複勝率
Cルメール	0.395	0.573	0.704
Mデムーロ	0.308	0.498	0.634
戸崎　圭太	0.349	0.548	0.627
福永　祐一	0.342	0.514	0.694
川田　将雅	0.319	0.518	0.638
北村　友一	0.359	0.581	0.701
田辺　裕信	0.264	0.451	0.560
松山　弘平	0.349	0.512	0.581
岩田　康誠	0.356	0.593	0.729
武　豊	0.291	0.482	0.609
J.モレイラ	0.422	0.578	0.657

	勝率	連対率	複勝率
大野　拓弥	0.308	0.523	0.708
藤岡　佑介	0.348	0.545	0.667
和田　竜二	0.232	0.464	0.565
内田　博幸	0.295	0.500	0.628
三浦　皇成	0.375	0.531	0.703
浜中　俊	0.308	0.538	0.654
北村　宏司	0.396	0.458	0.583
幸　英明	0.326	0.512	0.744
丸山　元気	0.250	0.386	0.614

1番人気データ（2019年10月13日現在）

	勝率	連対率	複勝率
川田将雅	0.411	0.598	0.699
C. ルメール	0.339	0.533	0.661
戸崎圭太	0.312	0.507	0.623
福永祐一	0.376	0.530	0.658
武　豊	0.479	0.681	0.766
三浦皇成	0.367	0.511	0.644
M. デムーロ	0.377	0.536	0.689
田辺裕信	0.467	0.583	0.750
松山弘平	0.349	0.512	0.581
北村友一	0.294	0.447	0.612
岩田康誠	0.273	0.489	0.648
和田竜二	0.273	0.515	0.636
池添謙一	0.472	0.611	0.722
丸山元気	0.222	0.444	0.556
藤岡佑介	0.468	0.638	0.723
石橋　脩	0.204	0.367	0.551
藤岡康太	0.244	0.511	0.578
幸　英明	0.325	0.500	0.650
西村淳也	0.212	0.394	0.576
浜中　俊	0.200	0.418	0.545
横山武史	0.353	0.588	0.735
内田博幸	0.295	0.477	0.682
大野拓弥	0.262	0.452	0.690

松若風馬	0.174	0.522	0.565
吉田隼人	0.370	0.587	0.674
D. レーン	0.395	0.421	0.632
藤田菜七子	0.280	0.640	0.640
武藤雅	0.375	0.438	0.688
津村明秀	0.205	0.386	0.568
斎藤新	0.303	0.455	0.576

　2018年には年間215勝を達成し、武豊騎手の年間最高記録を塗り替えたCルメール騎手。年間でGⅠレース8勝、重賞レース20勝と物凄い記録を残しましたが、1番人気での勝率、連対率、複勝率の数字でも優秀なのが分かります。

　2019年は前年よりも数字は落ちますが高い勝率、連対率、複勝率には間違いありません。現在の日本ではルメール騎手が最も信頼できるジョッキーと言って良いでしょう。そんなルメール騎手を超える成績を出しているのが川田騎手です。もともと川田騎手は高い勝率を誇るトップジョッキーの1人でした。勝利数こそ2017年、2018年は100勝に届きませんでしたが、2019年は10月13日の時点で126勝とリーディングトップをひた走り、自身の最高記録を塗り替えていっています。当然1番人気での勝率や連対率も高いので、積極的に買いたくなるジョッキーの1人です。

　また、2019年は武豊騎手、田辺裕信騎手、池添謙一騎手、藤岡佑介騎手なども1番人気馬では高い数字を残しています。横山武史騎手も1番人気では高い複勝率を残しています。

　一方、丸山元気騎手や浜中俊騎手、石橋脩騎手などは数字的に物足りませんので、1番人気に支持されたとしても過信は禁物ということになります。騎手の成績や勝率などのデータを見る場合にはウマニティが便利です。

　それでは3連複15点買いの馬券術の実例を競馬場ごとに見ていくことにします。

　はじめは中山競馬場です。中山といえばGⅠ皐月賞や有馬記念な

どが行われる競馬場です。芝コースには内回りと外回りがあり、トリッキーなコース形態でも知られています。さらに、コースの高低差はJRA全競馬場の中で最大の5.3メートルです。

　そんな一見予想の難しそうな中山競馬場ですが、コースを厳選することで、馬券術との相性が最も良い競馬場になっています。

【中山競馬場編】

2019年1月20日（日）

　はじめに馬券を買う勝負レースを決める必要があります。

　この馬券術と相性の良い中山競馬場ですが、その中でもさらに1番人気の成績が良いコースの中から中山競馬場のコース別1番人気（過去10年）の成績を参考に**勝負レースを選んでいきます。**

	勝率	連対率	複勝率
ダ1200	33.5%	55.7%	67.8%
ダ1800	36.5%	53.8%	65.9%
芝1200	32.0%	50.8%	60.8%
芝1600	27.0%	46.3%	59.0%
芝1800	35.0%	51.5%	70.6%
芝2000	31.1%	53.4%	67.4%
芝2200	31.6%	56.6%	67.1%
芝2500	24.0%	40.0%	58.0%
全コース平均	31.3%	51.9%	64.6%

　1番人気馬の最も信頼度が高いのは**芝1800m**です。

　勝率35％、複勝率70.6％ですので素直に買いです。この日の芝1800mのレースは12Rのみで、騎手はCルメールでした。よって、**12Rは勝負レースの一つ**とします。

　次に1番人気の成績が良いコースは**ダート1200mと芝2200m**です。また1番人気の勝率が最も高い**ダート1800m**も押さえておきます。この日ダート1200mで行われるのは1R、3R、8R、芝2200mは11Rのみ、ダート1800mで行われるのが2R、4R、7R、10Rです。

このような手順で勝負レースを絞っていきます。

　勝負レース候補は多くなりましたので、この中から前半のレースを1レース、後半のレースを1レース勝負レースに選ぶようにします。最初のレースに勝ち越した場合にはそこで終了、もしも外れた場合には後半のレースで勝負、さらにそこも外れた場合には最終レースで勝負というルールに決めます。

　まずは、前半のレースで1番人気になりそうな馬と騎手をチェックします。

　チェックするタイミングは**午前9時ぐらい**が理想です。

1R	ファロ	大野騎手
2R	マイネルイバンス	柴田大騎手
3R	ブラックアウト	木幡巧騎手
4R	ノワールムーティエ	Cルメール騎手

が1番人気に支持されそうです。

※想定していた1番人気馬が2番人気以下になってしまった場合は勝負見送りです。

　この中で勝負レースを選ぶとすれば、4Rが候補となります。

　1番人気に支持された場合の騎手成績は非常に重要です。1Rの大野騎手も1番人気での成績が良いですが、より信頼性の高いのはCルメール騎手です。よって前半戦の勝負レースは4Rになります。

　続いて後半戦の勝負レースも決めておきます。候補は7R、8R、10R、11Rです。

　ここも1番人気になりそうな馬と騎手をチェックしておきます。

7R	グロンフォール	Cルメール騎手
8R	エニグマ	Oマーフィー騎手
10R	アナザートゥルース	Cルメール騎手
11R	フィエールマン	Cルメール騎手

　後半の勝負レース候補は4レース中3レースでCルメール騎手が1番人気です。Oマーフィー騎手も1番人気での数値が高いので買

いの要素は高いです。しかし、ここでは中山ダート1800m（1,1,0,1）とコース相性の良い**グロンフォールが１番人気の７R**を後半の勝負レースにします。グロンフォールにはルメール騎手も新馬戦を含め２度またがったことがあり信頼できそうです。

　もしも前半の４Rでも、後半の勝負レース７Rでも外れた場合には、最初に決めた芝1800mの12Rで勝負します。ここも１番人気はCルメール騎手のアヴィオールなので勝負レース向きです。

　しかし、後半戦の７Rや12Rを買うのは前半の勝負レースが外れた場合のみです。もしも４Rが外れて７Rが的中し勝ち越した場合には、12Rは買いません。

　勝負の鉄則ですが、あくまでも勝ったら終了、勝ち逃げです。いくら美味しい馬がいたとしても、そこはしっかり勝ちを意識していきましょう。目標回収率は200％とします。

　最初の勝負レース
　2019年1月20日（日）　中山競馬場
　４R　サラ系３歳新馬　ダート1800m
出馬表

馬名	騎手
1 ブーケオブジュエル	○マーフィー
2 アイヅリュウコ	杉原
3 メイショウフェイト	内田博
4 テイエムラビット	嶋田
5 クリプトカレンシー	宮崎
6 ホワイトストーム	菅原
7 ボンマリアージュ	野中
8 ノワールムーティエ	Cルメール
9 サクラルーフェン	石橋脩
10 ソルダートダズル	三浦
11 インオンザレイク	村田
12（外）モントカイザー	丹内
13 デルマノートルダム	蛯名

14 ユイノオールマイト	大野
15 ヘッドオブステート	田辺
16 コズミックレイズ	田中勝

　軸の1番人気ノワールムーティエは8番です。

　次に発走10分前のオッズを確認していきます。この場合、必ず10分前というわけではなく5分前でも3分前でも構いません。発走時間に近い方がより良いです。オッズは以下のようになっています。

　分かりやすいように、ここでは単勝オッズ順に並べてみました。

8 ノワールムーティエ	2.8
14 ユイノオールマイト	3.1
1 ブーケオブジュエル	5.1
9 サクラルーフェン	10.5
12 モントカイザー	13.6
3 メイショウフェイト	18.3
15 ヘッドオブステート	19.5
13 デルマノートルダム	45.3
11 インオンザレイク	49.0
6 ホワイトストーム	64.4
10 ソルダートダズル	68.7
7 ボンマリアージュ	69.2
16 コズミックレイズ	95.6
5 クリプトカレンシー	246.3
4 テイエムラビット	279.9
2 アイヅリュウコ	345.7

　オッズには単勝と複勝がありますが、**ここでは単勝オッズだけを見ます。**

　1番人気はCルメール騎乗の⑧ノワールムーティエですので⑧を軸とします。

　相手もオッズを見て決めるのだけです。単勝2～7番人気はこの6頭になります。

14 ユイノオールマイト	3.1
1 ブーケオブジュエル	5.1

9 サクラルーフェン	10.5
12 モントカイザー	13.6
3 メイショウフェイト	18.3
15 ヘッドオブステート	19.5

　軸は１番人気の８、相手は１４，１，９，１２，３，１５の６頭を選択します。

　馬券は前述の通り、３連複１頭軸流しです（１５点買い）

結果

1着	15 ヘッドオブステート（7番人気）
2着	8 ノワールムーティエ（1番人気）
3着	9 サクラルーフェン（4番人気）

　スタートを決めて道中も２番手で推し進め、４コーナーを回り先頭に立った１番人気ノワールムーティエでしたが、直線でヘッドオブステート（７番人気）に差されてしまい結果２着でした。３着にはサクラルーフェン（４番人気）が入りました。よって馬券は的中です。

　ノワールムーティエはＣルメール騎手の１番人気でしたので、３連単や馬単の１着固定で買っていた人も多かったはずです。また２番人気のユイノオールマイトや３番人気のブーケオブジュエルもそれなりに人気していましたので、ノワールムーティエに絡めて馬券を買っていた人も多くいたことでしょう。しかし結果はユイノオールマイトが14着、ブーケオブジュエルが10着でした。１番人気から３連複１頭軸流しで手広く買っていて正解です。

　払戻金　３連複　８，７７０円

　投資金1,500円に対して払戻しが8,770円ですので、利益は7,270円。

　馬券回収率は、584％という結果になりました。目標回収率の200％も大きく超えることができました。もちろん、ここで終了です。勝ち逃げが原則です。

　ちなみに、4Rが当たったからもう一丁！といって、後半の勝負レ

ースである7Rに手を出していたとしたら結果は外れていました。買う予定をしていた１番人気のグロンフォールは直線で伸びきれず５着に敗れました。ルメール騎手の１番人気でもこういうこともあるのです。

　以前の私でしたら、４Rが当たったことで調子に乗り、その後も次から次へと馬券を買ったかもしれません。結果７Rはハズレました。また１２Rは当たりましたがトリガミになっていました。

　せっかく前半で勝ったのに、もしかしたら最後は負けて終わっていたかもしれません。

　プラスになったら終わるというルールを徹底できたからこその勝利です。

　さて、この馬券術においてやるべきことを振り返ってみます。

勝負３レースを決める

（理想は前半１レース、後半１レース、プラス１レース）

発走の１０分前にオッズを確認する。

１番人気を軸馬に相手も単勝オッズの２〜７番人気を６点選ぶ。

３連複の１頭軸流し馬券で買います（買い目は１５点）

当たってプラスになれば終了

もしも負けた場合は次の勝負レースで同じように勝負。

　１番人気馬のコース成績はよく覚えておきましょう。騎手のデータも同様です。

　もしも、競馬を始めたばかりで、勝負レースの選び方がよく分からない場合には、**単勝人気が１倍台、もしくは２倍台前半の馬**がいるレースを選ぶといいです。その場合でも、相手は単勝の２〜７番人気、馬券は３連複の１頭軸流しです。また勝ち逃げルールは徹底しまし

ょう。

参考までにこの日の勝負レース候補馬の成績

1R	ファロ	大野	⇒6着
2R	マイネルイバンス	柴田大知	⇒2着
3R	ブラックアウト	木幡巧也	⇒8着
4R	ノワールムーティエ	Cルメール	⇒2着
7R	グロンフォール	Cルメール	⇒5着
8R	エニグマ	Oマーフィー	⇒1着
10R	アナザートゥルース	Cルメール	⇒1着
11R	フィエールマン	Cルメール	⇒2着
12R	アヴィオール	Cルメール	⇒2着

次の例を見ていきます。

２０１９年３月３０日 (土) 中山競馬場

前述したように、中山競馬場で１番人気の成績が最も良いコースは芝1800mです。次がダート1200m、芝2200mです。もしもこの３コースで対象レースが少ない場合にのみダート1800mも候補とします。

先の３コースを対象に勝負レース候補を探っていきます。この日、芝1800mの条件で行われるレースはありませんでした。ダート1200mで行われるのは１R、3R、6R、8R、芝2200mは９Rのみです。対象レースが５つありましたので、この５つが勝負レース候補になります。

続いて、それぞれの１番人気になりそうな馬と騎手をチェックします。

1R	カッチョエペペ	木幡巧
3R	セイクリッドサン	武藤
6R	ナスノダケ	川田
8R	ゴールドクロス	丸山
9R	スマイル	Fミナリク

この５人の中では川田騎手の成績が最も良いため、川田騎手が１番人気の6Rは勝負レースに決定とします。続けて残りの２レースを

選んでいきます。

　9Rのスマイルに騎乗するFミナリクですが、ドイツのGⅠレースも勝っている優秀なジョッキーで、2018年のJRAでは9勝を上げています。1番人気での成績も良いのですが、サンプルが少ないためここでは見送りたいと思います。

　残るは木幡巧、武藤、丸山騎手ですが、前年の成績を見て決めていきます。木幡巧騎手ですが2018年は年間23勝で勝率、連対率、複勝率は（0.462、0.615、0.692）です。勝率や複勝率の数字は良いのですが、勝利数が物足りません。最低でも年間50勝は欲しいです。

　武藤騎手は年間37勝（0.280、0.400、0.560）、こちらは勝利数、勝率、複勝率ともに低すぎます。丸山騎手は年間60勝をあげていますが（0.250、0.386、0.614）という成績ですので、勝負レース向きの騎手ではありません。この3人では勝負できないという結論に至りました。

　ここまで芝1800m、ダート1200m、芝2200mの対象レースを5つ見ましたが、勝負できるのは6Rだけでした。よって他の2レースは別のコースから選ぶ必要があります。次に1番人気の成績が良いコースはダート1800mでしたので、その中から勝負レースを選んでいきます。面倒なようですが、勝負レースの騎手は重要なので、慎重に選びたいと思います。

　この日、ダート1800mで行われるのは2R、4R、7R、12Rの4つです。この4レースで1番人気に支持されそうな馬と騎手をチェックしていきます。

2R	エクリリストワール	戸崎
4R	ドンヒューズ	福永
7R	テイエムソレイユ	三浦
12R	ゲンパチカイナル	大野

　先ほどとは違い、信頼できそうな騎手が1番人気に支持されています。

　実際の数字を見ていくと、2018年に戸崎騎手は115勝、1番人

気での勝率、連対率、複勝率は (0.349、0.548、0.627) です。福永騎手は年間103勝 (0.342、0.514、0.694) です。三浦騎手は年間68勝 (0.375、0.531、0.703)、大野騎手は年間75勝 (0.308、0.523、0.708) という成績です。キャリアが違うといえばそれまでですが、前の３騎手 (木幡巧、武藤、丸山) と比べて成績が全然違うことが分かります。

　騎手選びが馬券的中に直結しますので、きちんと選ぶようにしましょう。リーディング20位以内のジョッキーが望ましいです。それ以下の場合は勝率、連対率、複勝率、コース実績などをよく見るようにします。

　上記の４騎手ですと、どこからでも勝負できそうですが、ここではより勝利数の多い戸崎騎手と福永騎手を選択します。これにより、この日の勝負レースは2R、4R、6Rに決まりました。

　最初の２Rで勝てば終了、もしも不的中かトリガミの場合は、４Rで再び勝負、そこで勝てば終了、ここでも勝ち越せない場合は６Rで勝負していきます。目標回収率は200％です。

　最初の勝負レースを見ていきます。
　２０１９年３月３０日 (土)　中山競馬場
　２R　サラ系３歳未勝利　ダート1800m

出馬表

馬券	騎手
1 ミツカネラクリス	横山典
2 セオリー	福永
3 サンデーレイジ	菊沢
4 エクリリストワール	戸崎
5 オオゾラ	石川
6 トラインコンパス	木幡巧
7 ベルウッドヒビキ	黛

8 リンガスビャクヤ	田辺
9 ニシノヴォーカル	和田
10 サングリーンベイ	村田
11 ロサデラルス	大野
12 ガルラバン	田中勝
13 サノノドラゴン	嶋田
14 ジン	内田
15 ナスノコウラン	津村
16 カネコメヒカル	松岡

　1番人気のエクリリストワールは4番です。

　続いて10分前に単勝オッズを確認します。

4 エクリリストワール	1.4
5 オオゾラ	9.7
11 ロサデラルス	9.7
8 リンガスビャクヤ	9.8
2 セオリー	11.2
1 ミツカネラクリス	12.1
7 ベルウッドヒビキ	31.6
10 サングリーンベイ	54.4
12 ガルラバン	80.4
6 トラインコンパス	81.8
14 ジン	104.4
15 ナスノコウラン	165.2
9 ニシノヴォーカル	235.8
16 カネコメヒカル	243.7
3 サンデーレイジ	558.1
13 サノノドラゴン	617.3

　エクリリストワールは単勝1.4倍と抜けた1番人気になっています。

　もちろん軸は4エクリリストワールです。

　相手もオッズだけを見て決めます。他の要素は一切不要です。

　頭数も多く3歳の未勝利戦で相手選びも難しいですが、この馬券術の場合はオッズを見るだけなので超簡単ですね。

2番人気から7番人気は以下の6頭です。

5 オオゾラ	9.7
11 ロサデラルス	9.7
8 リンガスビャクヤ	9.8
2 セオリー	11.2
1 ミツカネラクリス	12.1
7 ベルウッドヒビキ	31.6

馬券は1番人気の4を軸に、相手が5，11，8，2，1，7
3連複の1頭軸流しで買います。

結果

1着	1 ミツカネラクリス（6番人気）
2着	5 オオゾラ（3番人気）
3着	4 エクリリストワール（1番人気）

　逃げて道中もずっと先頭をキープしていた6番人気ミツカネラクリスが1着。2着も2番手で競馬を進めたオオゾラ。結局は行った行ったの結果となりました。1番人気エクリリストワールは最後追い込みましたが3着が精一杯で、単勝1.4倍の人気には応えることはできませんでした。しかし、1着が6番人気、2着が3番人気、3着に軸の1番人気が来ましたので馬券は的中です。

払戻金　3連複1－4－5　1,480円

　投資金1500円、払戻しが1480円なのでマイナス20円、回収率は99％と獲って損になりました。6番人気馬が勝ったので、もう少し配当が良いと思いましたが、意外に安かった印象です。トリガミを否定する人もいますが気にする必要はありません。実際に予想も馬券も当たっていますし、ここでは99％を回収できているわけです。もしも馬券が外れた場合には投資金がゼロになってしまいますので、当てたことを褒めるべきです。さて、馬券は当たりましたが、まだ勝ちではないので、次の勝負レースにいきます。次は4Rで勝負です。

4R　サラ系3歳未勝利　ダート1800m

馬名	騎手
1 アービルビエント	山田
2 ヌーヴァエポカ	菅原
3 プリンセスシャイン	大塚
4 エムオーマックス	野中
5 ネオブレイブ	田辺
6 テンノウザン	田中勝
7 クリノライジン	藤田菜
8 ヒマワリ	大野
9 メリーバローズ	三浦
10 ドンヒューズ	福永
11 エコロドリーム	柴田善
12 ナグラーダ	丸山
13 ラフレシアレディ	柴山
14 コルク	丸太
15 サクセスファイター	松岡
16 モリトシュン	伴

軸の1番人気ドンヒューズは10番です。

発走10分前にオッズを確認していきます。

10 ドンヒューズ	2.1
5 ネオブレイブ	2.7
9 メリーバローズ	10.4
8 ヒマワリ	11.6
11 エコロドリーム	14.3
15 サクセスファイター	14.5
6 テンノウザン	36.8
14 コルク	56.6
12 ナグラーダ	65.9
7 クリノライジン	77.4
4 エムオーマックス	120.7
3 プリンセスシャイン	132.0
1 アービルビエント	143.1

16 モリトシュン	273.8
2 ヌーヴァエポカ	290.1
13 ラフレシアレディ	291.5

　軸は1番人気の10ですが、相手も単勝オッズだけを見て決めます。2番人気から7番人気はこの6頭です。

5 ネオブレイブ	2.7
9 メリーバローズ	10.4
8 ヒマワリ	11.6
11 エコロドリーム	14.3
15 サクセスファイター	14.5
6 テンノウザン	36.8

　ネオブレイブも前走同コース2着なので強敵です。3番人気以下とは大きくオッズに開きが見られます。

　馬券は軸が1番人気の10、相手は5、9、8、11、15、6の6頭、3連複軸1頭流しで買います。

結果

1着	5 ネオブレイブ（2番人気）
2着	10 ドンヒューズ（1番人気）
3着	15 サクセスファイター（6番人気）

　勝ったのは2番人気ネオブレイブ。逃げたサクセスファイターを最後直線で交わすと、1番人気ドンヒューズの追撃も振り切り見事1着に。2着が1番人気ドンヒューズ、3着に6番人気サクセスファイターという結果でした。馬券は的中です。

払戻金　3連複5－10－15　860円

　馬券は的中しましたが、ここでも獲って損の結果でした。2強がともに馬券に絡んだため配当が安くなりました。ここまで2レースを経て、投資金3,000円、払戻しが1,480円＋860円＝2,340円です。的

中率は100%ですが、どちらもトリガミでしたので回収率は78%です。よって3つ目の勝負レースに臨みます。

　この日3つ目の勝負レースは6Rです。このレースでは勝っても負けても終了というルールになります。そして、3つ目の勝負レースになるので「追い上げ」で勝負していきます。ここまでの2レースは1点100円で勝負してきましたが、3つ目の勝負レースに限り投資金は3倍になりますので、**このレースは1点300円で馬券を買います。**

　6R　サラ系3歳500万以下　ダート1200m

馬名	騎手
1 サーストンバーラム	菊沢
2 サリーバランセ	津村
3 カシノウィング	原田
4 オルダージュ	石橋脩
5 ナランフレグ	丸太
6 メールデゾレ	武藤
7 エルピド	勝浦
8 ナスノダケ	川田
9 ニシノフルバンク	菅原
10 シゲルスピネル	江田
11 ニシノコトダマ	戸崎
12 ヒストリコ	大野
13 ゲンパチシャドウ	木幡育
14 シゲルアコヤガイ	横山和
15 マイネルバトゥータ	丹内
16 ザディファレンス	野中

軸の1番人気ナスノダケは8番です。

発走10分前の単勝オッズを確認して相手を決めていきます。

8 ナスノダケ	3.5
11 ニシノコトダマ	4.4
6 メールデゾレ	5.1
5 ナランフレグ	5.3

4 オルダージュ	8.7
16 ザディファレンス	9.2
2 サリーバランセ	26.7
10 シゲルスピネル	33.4
15 マイネルバトゥータ	42.5
1 サーストンバーラム	51.9
12 ヒストリコ	148.5
9 ニシノフルバンク	181.2
13 ゲンパチシャドウ	200.2
7 エルピド	207.2
14 シゲルアコヤガイ	235.6
3 カシノウィング	413.1

人気は割れ加減ですが2番人気から7番人気はこの6頭です。

11 ニシノコトダマ	4.4
6 メールデゾレ	5.1
5 ナランフレグ	5.3
4 オルダージュ	8.7
16 ザディファレンス	9.2
2 サリーバランセ	26.7

馬券は1番人気の8を軸に、相手は11,6,5,4,16,2の6頭
3連複軸1頭流しで買います。

結果

1着	8 ナスノダケ（1番人気）
2着	4 オルダージュ（5番人気）
3着	6 メールデゾレ（3番人気）

先行するオルダージュを最後の最後に差し切った1番人気ナスノ
ダケが1着。川田騎手が人気に応えてくれました。2着は5番人気オ
ルダージュ、3着が3番人気メールデゾレでした。馬券は的中です。

払戻金　3連複4-6-8　1,890円

このレースは投資金が3倍なので4,500円を使い、払戻しが

5,670円でした。1日の収支は投資金7,500円に対し、払戻しが8,010円ですのでプラス510円。馬券回収率は107%でした。勝負レースは3戦予想して全て当たっているのですが、配当が安かったため回収率は低めです。目標の200%にも全然届きませんでした。しかし、この日も勝ち越して終わることができました。

1番人気実績の高いコースを狙い撃ちして中山競馬で勝つ

次の例を見ていきます。

2019年9月14日（土）　中山競馬場

中山競馬場の1番人気コース別成績を再び確認します。

	勝率	連対率	複勝率
ダ1200	33.5%	55.7%	67.8%
ダ1800	36.5%	53.8%	65.9%
芝1200	32.0%	50.8%	60.8%
芝1600	27.0%	46.3%	59.0%
芝1800	35.0%	51.5%	70.6%
芝2000	31.1%	53.4%	67.4%
芝2200	31.6%	56.6%	67.1%
芝2500	24.0%	40.0%	58.0%
全コース平均	31.3%	51.9%	64.6%

中山競馬場で1番人気の成績が良いコースは芝1800m、ダート1200m、芝2200mです。ダート1800mや芝2000mも良いので、勝負レース候補は複数見つけることが可能です。この日、芝1800mの条件で行われるレースは5Rと12Rです。ダート1200mで行われるレースは1R、6R、8R、ダート1800mで行われるのは2R、7Rです。ここまででも良さそうですが、この日芝2000mの条件で行われるメインレースに、Cルメール騎手騎乗のプレステイキングが出走することが分かっていたので、11Rも候補とします。プレステイキングは朝日杯セントライト記念（G2）でも4着と好走してい

ますので、この日のメインレースでも期待できます。またこの日は芝2200mのレースは組まれていませんでした。

　勝負レース候補が７つ見つかりましたので、それぞれのレースで１番人気に支持されそうな馬と騎手をチェックします。

1R	デビルスダンサー	藤田菜
2R	サトノアレックス	戸崎
6R	タマモエクラン	横山典
7R	エクリリストワール	戸崎
8R	クインズラミントン	戸崎
11R	プレステイキング	Cルメール
12R	ルイジアナママ	大野

　この中から実際に馬券を買うレースを決めます。

　最も信頼できるＣルメール騎手の１１Ｒは決定として、他２つを探っていきます。

　２Ｒ、７Ｒ、８Ｒで１番人気が予想される戸崎騎手ですが、2018年は年間115勝を上げています。戸崎騎手は2014年から2016年まで３連連続リーディング、さらに2017年には171勝をあげましたが、2018年は115勝とやや物足りない成績でした。１番人気馬では(0.349、0.548、0.627)という成績です。2018年の成績こそイマイチでしたが、信頼できるジョッキーの1人です。

　１Ｒデビルスダンサーに騎乗する藤田菜七子騎手は2018年に年間27勝しています。ＪＲＡの女性騎手としては歴代トップの成績です。１番人気での成績は(0.200、0.400、0.550)。サンプルも少ないですが物足りない印象です。

　６Ｒのタマモエクランに騎乗する横山典騎手は、2018年に年間49勝、１番人気での成績は(0.373、0.549、0.647)です。年間勝利数こそ少ないですが、１番人気では良い成績を残しています。

　１２Ｒルイジアナママに騎乗する大野騎手は2018年に年間75勝、１番人気での成績は(0.308、0.523、0.708)です。ここでは、勝率、連対率では横山典騎手に劣りますが、勝利数も複勝率も高い大野

騎手の１２Ｒを勝負レースに選択します。

　残り１つの勝負レースは信頼度の高い戸崎騎手が１番人気の２Ｒ、７Ｒ、８Ｒの中から選ぶことにします。

　２Ｒサトノアレックス、７Ｒエクリリストワール、８Ｒクインズラミントン、どこからでも勝負できそうですが、ここでは７Ｒを選択します。７Ｒのエクリリストワールは前走１番人気で未勝利戦を快勝しており、ここでも有力と見られているためです。

　これで、この日の勝負レースが決まりました。最初の勝負レースは７Ｒ、もしもここで勝てば終了、負けた場合は１１Ｒで勝負、さらに１１Ｒでも負けた場合には再び１２Ｒで勝負というルールです。目標回収率は200％とします。中山の場合は他の競馬場よりも配当が高いケースが多いため、目標値を高めに設定します。

　それでは最初の勝負レースを見ていきます。

2019年9月14日 (土) 中山競馬場

　７Ｒ　サラ系３歳上１勝クラス（５００万以下）ダート1800m

出馬表

馬名	騎手
1 タイセイシャトル	松岡
2 シールート	内田
3 ネオブレイブ	丸山
4 エクリリストワール	戸崎
5 カガスター	山田
6 リンガスビャクヤ	野中
7 アッシュドール	北村宏
8 グロリアスホープ	木幡初
9 トラストシンゲン	菅原
10 トゥルボー	田辺
11 ピエナクリスエス	上野
12 サクラルーフェン	石橋脩
13 エコロドリーム	柴田善

　軸の１番人気エクリリストワールは４番です。

　次に発走10分前に単勝オッズを確認します。

4 エクリリストワール	1.8
12 サクラルーフェン	4.7
3 ネオブレイブ	6.0
1 タイセイシャトル	13.2
8 グロリアスホープ	17.0
10 トゥルボー	17.8
2 シールート	21.0
7 アッシュドール	35.0
5 カガスター	37.3
13 エコロドリーム	41.0
9 トラストシンゲン	65.7
6 リンガスビャクヤ	76.2
11 ピエナクリスエス	415.4

1番人気エクリリストワールは単勝1.8倍。ここでは抜けています。相手は2〜7番人気ですので、この6頭になります。

12 サクラルーフェン	4.7
3 ネオブレイブ	6.0
1 タイセイシャトル	13.2
8 グロリアスホープ	17.0
10 トゥルボー	17.8
2 シールート	21.0

馬券は軸が1番人気の4、相手は12, 3, 1, 8, 10, 2の6頭。3連複の軸1頭流しで買います。

結果

1着	4 エクリリストワール （1番人気）
2着	12 サクラルーフェン　（2番人気）
3着	3 ネオブレイブ　　　　（3番人気）

1番人気エクリリストワールは逃げた2番人着サクラルーフェンを直線で捕らえると、最後は6馬身突き放してゴール。戸崎騎手が単勝1.5倍の人気に応えてくれました。2着には2番人着サクラルーフェンが残り、3着には3番人気ネオブレイブが入りました。馬券

は的中です。

払戻金　3連複3－4－12　1,180円

1番人気、2番人気、3番人気で決まったため獲って損になってしまいました。

投資金1,500円、回収が1,180円なのでマイナス320円です。回収率は79％。

馬券は的中しましたが、最初の勝負レースはトリガミだったため、11Rで再び勝負します。

11R　レインボーステークス　芝2000m
出馬表

馬名	騎手
1　サンティール	戸崎
2　ギャラッド	丸山
3　マイネルキラメキ	柴田大
4　ヴァンケドミンゴ	石橋脩
5　コスモナインボール	丹内
6　ギブアンドテイク	松岡
7　タガノアスワド	石川
8　ショウナンマルシェ	吉田豊
9　ダイワメモリー	内田
10　ベアインマインド	江田
11　ブレステイキング	Cルメール
12　ゴールドギア	三浦

軸の1番人気ブレステイキングは11番。

このレースは頭数こそ少ないですが3勝クラスですので、相手選びも難しくなります。しかし、この馬券術では10分前に単勝オッズを見るだけでいいので非常に楽です。

11　ブレステイキング	1.8	1.1-1.1
9　ダイワメモリー	4.2	1.2-2.0
4　ヴァンケドミンゴ	8.1	1.6-3.1

1 サンティール	9.3	1.7-3.4
7 タガノアスワド	9.3	2.2-4.4
12 ゴールドギア	15.4	2.2-4.5
2 ギャラッド	35.1	3.5-7.5
3 マイネルキラメキ	55.8	5.1-11.5
10 ベアインマインド	137.6	12.5-28.9
8 ショウナンマルシェ	152.5	9.0-20.4
6 ギブアンドテイク	253.7	16.1-37.2
5 コスモナインボール	351.1	32.8-76.1

軸のブレステイキングは単勝1.8倍。ここでは能力上位です。

相手は何も考えずにオッズだけで選んだこの6頭。

9 ダイワメモリー	4.2
4 ヴァンケドミンゴ	8.1
1 サンティール	9.3
7 タガノアスワド	9.3
12 ゴールドギア	15.4
2 ギャラッド	35.1

馬券は軸が1番人気の11、相手は9，4，1，7，12，2の6頭です。馬券は3連複1頭軸流しで買います。15点買い。

結果

1着	11 ブレステイキング（1番人気）
2着	2 ギャラッド　　　（7番人気）
3着	4 ヴァンケドミンゴ（3番人気）

1番人気ブレステイキングは、前で粘る5番人気タガノアスワドを直線ラスト200mで捕らえて、最後は7番人気ギャラッドの追撃を振り切り1着でゴールしました。2着にはその7番人気ギャラッド、3着には3番人気ヴァンケドミンゴが入りました。

2着とはクビ差の決着でしたが、ブレステイキングの強さが目立ったレースでした。最初に目を付けていたCルメール騎手のブレステイキングが1番人気に応えた形です。馬券も的中です。

払戻金　3連複2−4−11　4,430円

1着は単勝1.8倍の1番人気でも2着に7番人気、3着に3番人気が入ったため払戻しは高配当になりました。

投資金1,500円で回収が4430円、プラス2,930円です。

この日は3,000円を使い、トータル払戻しは1,180円+4,430円で5,610円。収支はプラス2,610円になりました。馬券回収率は187％です。目標の200％には届きませんでしたが、十分に勝ち越しましたのでここで終了です。勝ち逃げ万歳。

参考までにこの日勝負レース候補に選んだ馬の結果

1R	デビルスダンサー	藤田菜	⇒1着
2R	サトノアレックス	戸崎	⇒4着
6R	タマモエクラン	横山典	⇒8着
7R	エクリリストワール	戸崎	⇒1着
8R	クインズラミントン	戸崎	⇒1着
11R	プレステイキング	Cルメール	⇒1着
12R	ルイジアナママ	大野	⇒2着

次は阪神競馬場です。

GⅠ桜花賞や宝塚記念などが行われる阪神競馬場。長いバックストレッチからの緩やかなカーブ、そして右回り最長となる長い直線（新潟、東京に次いで全場3位）が印象的な競馬場です。他の競馬場でもそうですが、阪神の場合もコースによって1番人気の信頼度が大きく変わります。なのでコース選びを間違えると痛い目を見るようになります。しかし、コース選びさえ間違わなければ馬券を当てることはさほど難しくはありません。

【阪神競馬場編】

それでは阪神競馬場での例を見ていきましょう。

阪神開催は2月末の第1回から、暮れの開催まで年間を通して計5回行われます。同じ競馬場でも暖かい時期と寒い時期とでは傾向

も変わってきます。馬券の勝負に向いているのは春先から秋口にかけてです。私自身もこの暖かい時期に勝負することが多く、寒い時期は避けるようにしています。

2019年3月2日 (土) 阪神競馬場

はじめに勝負レースを決めるために、阪神競馬場における1番人気のコース別成績を見てみます。

阪神競馬場1番人気馬データ

	勝率	連対率	複勝率
ダ1200	32.5%	52.6%	64.1%
ダ1400	34.0%	54.1%	66.9%
ダ1800	34.2%	56.9%	68.5%
ダ2000	36.4%	51.5%	57.6%
芝1200	34.0%	50.0%	63.2%
芝1400	28.7%	49.8%	60.8%
芝1600	33.1%	51.5%	64.4%
芝1800	30.5%	52.0%	64.0%
芝2000	28.4%	43.2%	58.1%
芝2200	29.5%	47.5%	62.3%
芝2400	31.8%	45.5%	60.6%
全コース平均	32.1%	50.4%	62.8%

　阪神競馬場は他の競馬場に比べると全体的に1番人気が馬券に絡む確率が高いことが分かります。しかしダート2000mのように勝率（36.4%）は高いが複勝率が低い（57.6%）コースもあるので、勝率、連対率、複勝率のバランス良く高いコースを選ぶことが大切です。

　阪神競馬場での勝負レース候補としては、**ダート1400m、ダート1800m、芝1600m**の3つが良さそうです。覚えておきましょう。次の候補としてはダート1200mと芝1800mです。もしも最初の3つで該当レースが少ない場合は、ダート1200mと芝1800mの中から勝負レースを探すことにします。

この日ダート1400mの条件で行われるレースは5R、10R、ダート1800mは1R、3R、6R、芝1600mで行われるのは11Rです。勝負レース候補は６つに絞れました。よって、この６つの中から勝負レースを選んでいきます。

次に候補レースで１番人気に支持されそうな馬と騎手を見ていきます。

1R　ルプレジールもしくは 　　　ワインレッドローズ	岩田望　川田
3R　ダノングリスター	和田
5R　ノーブルワークス	Aシュタルケ
6R　クリソベリル	川田
10R　シヴァージ	福永
11R　ダノンファンタジー	川田

１Ｒではルプレジールとワインレッドローズが１番人気を競い合っていました。ワインレッドローズは川田騎手でしたが、オッズ差が無いためにここは買えません。３Ｒは和田騎手、５Ｒはシュタルケ騎手が１番人気になりそうです。和田騎手の2018年の１番人気成績は（0.232、0.464、0.565）です。一方、シュタルケ騎手は2018年に来日していないので2017年の成績（0.111、0.333、0.556）を参考にします。どちらかと言えば和田騎手の方がマシですが、積極的に１番人気で買いたくなる騎手ではありません。

それならば、川田騎手の６Ｒと１１Ｒ、そして福永騎手の１０Ｒを買った方が良さそうです。川田騎手も福永騎手も信頼できるジョッキーです。

この日最初の勝負レースは６Ｒに決まりました。もしも６Ｒで負けた場合は１０Ｒで勝負、そこでも負けた場合には１１Ｒで勝負というルールに決めます。６Ｒで勝った場合には当然そこで終了です。目標回収率は２００％とします。

最初の勝負レース阪神６Ｒを見ていきます。

2019年3月2日（土）　阪神競馬場

６R　サラ系３歳５００万以下　ダート1800m

出馬表

馬名	騎手
1 クリソベリル	川田
2 ゼルク	藤井勘
3 ソルトイブキ	四位
4 アヴァンセ	藤岡佑
5 ブラックウォーリア	和田
6 ヘイセイラスト	Ａシュタルケ
7 アールジオール	松山
8 モーニングサン	武豊
9 エナキョウ	松若
10 ウォータースペース	北村友
11 ワシントンテソーロ	岩田康

軸に指名したクリソベリルは１番に入りました。
次に発走10分前の単勝オッズを確認します。
オッズは以下のような順になっています。

1 クリソベリル	1.6
5 ブラックウォーリア	5.8
10 ウォータースペース	6.2
11 ワシントンテソーロ	7.7
6 ヘイセイラスト	13.6
7 アールジオール	34.2
3 ソルトイブキ	37.1
8 モーニングサン	43.9
4 アヴァンセ	51.7
2 ゼルク	54.1
9 エナキョウ	76.8

　川田騎手のクリソベリルが圧倒的１番人気に支持されています。
クリソベリルの前走は昨年9月の新馬戦でしたが、同じ阪神ダート
1800mで７馬身差の圧勝をしています。軸はもちろん①クリソベ
リルです。

相手も単勝オッズを見て選んでいきます。2〜6番人気は以下の馬になります。

5 ブラックウォーリア	5.8
10 ウォータースペース	6.2
11 ワシントンテソーロ	7.7
6 ヘイセイラスト	13.6
7 アールジオール	34.2
3 ソルトイブキ	37.1

軸は1番人気の1、相手は5、10、11、6、7、3の6頭です。
馬券はもちろん、3連複1頭軸流し（15点買い）

結果

1着	クリソベリル（1番人気）
2着	アヴァンセ（9番人気）
3着	ソルトイブキ（7番人気）

軸に指名したクリソベリルは前走同様ここでも快勝で1着に来たのですが、2着に9番人気アヴァンセが来てしまいました。よって馬券は外れです。

投資金1,500円、払戻し0円、マイナス1,500円

最初の勝負レースで負けてしまったため、次の勝負レースに行きます。

1番人気馬が馬券に絡みやすい条件から選んだ勝負レース候補。その中から選んだ勝負レース。1番人気は、人気通りに勝ってくれましたので選択は間違っていませんでした。しかし相手が外れてしまいました。競馬なので、こういうこともあります。ここで落ち込んだり投げやりになったり、イライラしたりしないようにします。

次の勝負レースは阪神10Rです。

10R　播磨ステークス　ダート1400m
出馬表

馬名	騎手
1 カラクプア	熊沢
2 マイネルエスパス	国分優
3 シヴァージ	福永
4 ライジングリーズン	A シュタルケ
5 リュウノユキナ	田中勝
6 セネッテ	松若
7 エテルニテ	和田
8 タガノアム	岩田
9 ストロベリームーン	武豊
10 クリノフラッシュ	池添
11 シンゼンスタチュー	太宰
12 ネオスターダム	松山
13 アディラート	藤井勘
14 ファッショニスタ	川田
15 ビックリシタナモー	藤岡佑
16 スピーディクール	北村友

軸のシヴァージが3番です。次に発走10分前にオッズを確認します。単勝オッズは以下の通り。

3 シヴァージ	2.5
14 ファッショニスタ	3.9
5 リュウノユキナ	8.0
13 アディラート	8.5
9 ストロベリームーン	9.8
7 エテルニテ	19.2
16 スピーディクール	20.2
4 ライジングリーズン	25.6
10 クリノフラッシュ	27.7
8 タガノアム	31.2
15 ビックリシタナモー	68.4
12 ネオスターダム	80.7
11 シンゼンスタチュー	94.0
2 マイネルエスパス	214.8
6 セネッテ	219.0
1 カラクプア	286.0

単勝1番人気は福永騎手のシヴァージですので、これが軸です。
相手も単勝2〜7番人気で選びますのでこの6頭になります。

14 ファッショニスタ	3.9
5 リュウノユキナ	8.0
13 アディラート	8.5
9 ストロベリームーン	9.8
7 エテルニテ	19.2
16 スピーディクール	20.2

馬券は６を軸に、相手は１４，５，１３，９，７，１６
３連複軸１頭流しですので、買い目は１５点です。

結果

1着	14ファショニスタ（2番人気）
2着	3シヴァージ（1番人気）
3着	9ストロベリームーン（5番人気）

　阪神ダート1400mコースは芝スタート。好スタートを決めた２番人気のファショニスタが逃げて道中もずっと先頭をキープし、そのまま勝ちました。最後は３馬身差。追い上げた１番人気のシヴァージは２着、３着には５番人気のストロベリームーンが入りました。馬券は的中です。２着に負けてしまいましたが、ここでも厳選して選んだ勝負レースで、１番人気がきちんと馬券圏内に来ました。

払戻金　３連複３－９－１４　１，２１０円

　１番人気が２着に入り、相手も買っていたので馬券は的中しましたが、投資金１，５００円に対して払戻しが１，２１０円なので結果はマイナス２９０円でした。このレースはトリガミになってしまいました。馬券回収率は８０％です。

　ここまで、２レースで勝負した結果、投資金３，０００円、払戻し１，２１０円ですので、ここまで１，７９０円の負けです。１レース目を外し、２レース目は当たりましたがトータル負けた状態ですので、３つ目の勝負レースで勝負していきます。

次の勝負レースは11Rです。

ここまで2レースで勝負しマイナス1,790円、トータル回収率は約40％です。

最後の勝負レースになりましたので、ここでは投資金を増やします。追い上げです。

ここまでは1点100円で購入してきましたが、3つ目の勝負レースに限っては投資金を3倍にします。ですので、このレースは1点300円で買いますので、計15点、投資金は4,500円となります。

この日最後の勝負レースですので勝っても負けてもここで終わりです。

11R　第26回チューリップ賞（GII）　芝1600m

桜花賞の前哨戦で、3歳牝馬による重賞レースです。3着の馬までに桜花賞への優先出走権利が与えられるレースです。

出馬表

馬名	騎手
1 ダノンファンタジー	川田
2 マルモネオフォース	富田
3 ブランノワール	藤井勘
4 ハニーウィル	国分恭
5 メイショウショウブ	池添
6 シェーングランツ	武豊
7 ノーブルスコア	福永
8 ブリッツアウェイ	松山
9 オーパキャマラード	松若
10 アフランシール	岩田
11 サムシングジャスト	シュタルケ
12 ドナウデルタ	北村友
13 シゲルピンクダイヤ	和田

10分前のオッズを確認します。

オッズは以下のようになっています

1 ダノンファンタジー	1.3	1.0-1.1
6 シェーングランツ	4.5	1.1-3.8
5 メイショウショウブ	10.6	1.6-8.3
13 シゲルピンクダイヤ	17.2	2.2-12.6
3 ブランノワール	23.2	2.2-12.3
12 ドナウデルタ	26.0	2.7-16.4
7 ノーブルスコア	34.1	2.4-13.9
10 アフランシール	43.4	4.0-25.1
2 マルモネオフォース	137.5	7.6-50.4
11 サムシングジャスト	150.3	8.5-56.7
8 ブリッツアウェイ	214.8	11.8-79.6
4 ハニーウィル	288.5	29.7-204.8
9 オーパキャマラード	312.9	21.4-146.6

　川田騎手の①ダノンファンタジーが圧倒的１番人気に支持されています。

　前走、同じ阪神芝1600mのGⅠ阪神ジュベナイルフィリーズを快勝していることもあり、ここでは能力上位と見られたのでしょう。２番人気にはその阪神ジュベナイルフィリーズで４着に好走したシェーングランツが支持されています。単勝一桁台はこの２頭のみで、他の馬は皆10倍以上になっています。

　軸はもちろん１番人気の①ダノンファンタジーです。

　相手も単勝オッズを見て選びます。２〜７番人気はこの６頭になりました。

6 シェーングランツ	4.5
5 メイショウショウブ	10.6
13 シゲルピンクダイヤ	17.2
3 ブランノワール	23.2
12 ドナウデルタ	26.0
7 ノーブルスコア	34.1

　軸が１、相手は６，５，１３，３、１２，７の６頭です。
　馬券は３連複１頭軸流しです（１５点買い）

結果

1着	①ダノンファンタジー（1番人気）
2着	⑬シゲルピンクダイヤ（4番人気）
3着	⑦ノーブルスコア（7番人気）

　ダノンファンタジーは最後の直線で包まれなかなか外へ出せず、一瞬ヒヤリとさせる場面もありましたが、最後は快勝してくれました。能力の違いを見せつけた形です。

　2着に追い込んできた4番人気⑬シゲルピンクダイヤ、3着には7番人気⑦ノーブルマーズが入りました。馬券は的中です。2番人気のシェーングランツは5着に敗退しました。

払戻金　3連複1－7－13　4,330円

　このレースは1点300円で買いましたので投資金4,500円に対して払戻しが12,990円。利益は8,490円です。11Rでの馬券回収率は、289％という結果になりました。単勝1.3倍の1番人気馬が1着に来ていながらも、3連複の払戻しは4,330円でしたので美味しい馬券を獲ったと言えるでしょう。このレースだけならば大勝利です。しかし、この日のトータル払戻しは14,200円、回収率は189％でした。目標の200％には少し届かない結果となってしまいました。ここだけは反省です。

　しかし、この日選んだ勝負レースは計3つ。6Rは外れましたが、10Rと11Rは当たりました。馬券的中率は67％です。また1番人気が馬券に絡んだ確率は100％です。コースを選別し1番人気で成績の良い騎手を見つけ、馬券は当たりやすい3連複の1頭軸流しで買う。この方法を徹底していくようにしましょう。途中で勝手にルールを変えてはいけません。

単勝１番人気で実績のある騎手を買えば阪神は簡単に当たる！

続いての例を見ていきます。

２０１９年３月１７日（日）　阪神競馬場

阪神競馬場で１番人気の好走確率の高いコースは前述したように、ダート1400m、ダート1800m、芝1600mの３つになります。これらが勝負レース候補です。この日、ダート1400mの条件で行われるのは１Ｒ、５Ｒ、１２Ｒです。ダート1800mは３Ｒ、６Ｒ、８Ｒ、芝1600mで行われるのは４Ｒになります。勝負レース候補は７つありますので、この中から実際に馬券を買うレースを決めていきます。

１番人気になりそうな馬と騎手をチェックします。チェックする時間ですが、**当日の朝９時くらい**がいいでしょう。

1R	ヴェルヴォア　戸崎
3R	シゲルクロダイヤ　古川
4R	ボマイェ　Mデムーロ
5R	チュウワフライヤー　岩田康
6R	エルモンストロ　福永
8R	パキュートハートもしくは ウェルカムゴールド　岩田　戸崎
12R	テイエムグッドマン　四位

戸崎騎手も古川騎手も１番人気での成績は悪くないのですが、ここはより信頼度の高いMデムーロ騎手の４Ｒを最初の勝負レースに指名します。

後半のレースですが、８Ｒはどちらが１番人気になるか分からないため見送り、１２Ｒの四位騎手も前年度の１番人気成績が（0.071、0.357、0.357）と良くないため見送り、消去法により、勝負レースは５Ｒと６Ｒになりました。岩田康騎手も福永騎手も１番人気では良い成績を残しています。

最初の勝負レースは４Ｒ、もしも負けた場合には５Ｒで再度勝負、ここも負けた場合には６Ｒで勝負します。もちろん最初のレースで

勝ち越した場合には終了です。何度も言いますが、勝ち逃げが鉄則です。回収率の目標は160％とします。

4 R　サラ系3歳未勝利　芝外1600m
出馬表

馬名	騎手
1 ボマイェ	M デムーロ
2 キュロン	国分恭
3 ブルベアロッソ	酒井
4 モズレジーナ	池添
5 テーオースパーク	浜中
6 ジャッジオブナイツ	鮫島克
7 バンクショット	戸崎
8 ナムラチヨガミ	川須
9 マジェスティ	福永
10 スターオブバラード	蛯名
11 アークロイヤル	A シュタルケ
12 エピローグ	藤井勘
13 サイモンシャルール	小牧
14 ファーマトパーズ	加藤
15 エイユーラトゥール	幸
16 レッドレイル	岩田康

1番人気のボマイェは1番。阪神芝1600mでは全体の中で1枠の単勝回収率が2番目に高く良い枠と言えます。

続いて発走10分前に単勝オッズを確認します。

1 ボマイェ	3.3
11 アークロイヤル	3.6
9 マジェスティ	5.7
4 モズレジーナ	7.9
12 エピローグ	11.9
16 レッドレイル	11.9
10 スターオブバラード	15.0
7 バンクショット	18.2
2 キュロン	26.9

5 テーオースパーク	69.2
6 ジャッジオブナイツ	71.3
15 エイユーラトゥール	160.6
13 サイモンシャルール	200.2
8 ナムラチヨガミ	207.2
3 ブルベアロッソ	282.9
14 ファーマトパーズ	478.6

　1番人気は①ボマイェですが、2番人気の⑪アークロイヤルが徐々に人気を上げてきました。それでもオッズ的に逆転は不可能なので、①ボマイェを軸にします。

　相手もオッズを見て選びます。2番人気から7番人気は以下の6頭です。

11 アークロイヤル	3.6
9 マジェスティ	5.7
4 モズレジーナ	7.9
12 エピローグ	11.9
16 レッドレイル	11.9
10 スターオブバラード	15.0

　馬券は1を軸に、相手は11，9，4，12，16，10の6頭。
　3連複の1頭軸流しで買います（15点買い）

結果

1着	12エピローグ（6番人気）
2着	11アークロイヤル（2番人気）
3着	1ボマイェ（1番人気）

　軸の1番人気ボマイェですが、直線での手応えが悪く3着に敗れました。Mデムーロ騎手で1番人気でしたので勝利を期待しましたが結果は3着でした。勝ったのは6番人気のエピローグ。藤井勘一郎騎手の好騎乗が光りました。2着には2番人気のアークロイヤル。馬券は的中です。

払戻金　3連複1－11－12　2,920円

　投資金1,500円で払戻しが2,920円なので収支は1,420円のプラス、回収率は194％でした。目標の160％もクリアすることができました。

　最初に勝負レースに勝ったのでこの日はここで終了です。勝ち逃げが大事です。もしも、4Rで止めずに次の勝負レース5Rを買った場合は、1番人気チュウワフライヤーが4着に敗れたため馬券は外れでした。続く6Rでは1番人気のエルモンストロが1着に入り馬券も的中していました。払戻しはなんと6,440円でした。もしも15点買いで6,440円を的中させていれば回収率は429％です。一気に大きく勝ち越すことができました。

　しかし、私たちが競馬で勝ち組になろうと思った場合に**「たられば」**の話はしないようにします。競馬をしていれば、「あの時に買っていたら当たっていた」とか「もしも3連単を買っていれば100万円になっていた」とかいう話をよく聞きます。しかし、そんな「たられば」の話は全く意味がありません。「たられば」の話をしているうちはトップ1％になることは難しいです。

　ちなみに勝負レース候補の1R軸馬ヴェルヴォアは1着で馬券も的中、払戻しは1,580円でした。同じく勝負レース候補の3R軸馬シゲルクロダイヤは3着でこちらも馬券は的中、払戻しは2,470円でした。結果的に、どこから勝負しても勝ちでした。高い勝率を誇る馬券術ですので、「もしも」や「たられば」を考えるのではなく、今後をいかに勝つかを考えるようにした方が良いです。

　やることは非常にシンプルだということが分かったと思います。1番人気馬を軸にして相手もオッズの2～7番人気を買っているだけです。それでもこれだけ高い勝率をキープできていますので、やらない手はありません。

回収率１９９％、勝ち逃げで終了！

それでは次の例も見ていきます。

６月１日（土）阪神競馬場

阪神競馬場は全体的に１番人気が馬券に絡む確率が高いのです。よって、この馬券術にはピッタリであると言えます。そんな阪神競馬場の中でも、さらに１番人気馬が好走しやすいコースがあります。勝負レースを決めていく際には、１番人気馬の勝率、連対率、複勝率がバランス良く高いコースを選ぶようにします。

前にも書きましたが、阪神競馬場において、１番人気の好走確率が高いのは**ダート1400m、ダート1800m、芝1600m**の３つです。その次が芝1800mです。

この日、これらの条件で行われるレースを見てみます。

ダート1400mは２Ｒ、ダート1800mは１Ｒ、３Ｒ、１２Ｒ、芝1600mは４Ｒ、５Ｒです。勝負レース候補は６つ見つかりました。

次に１番人気に支持されそうな馬と騎手をチェックします。

1R	スマートフルーレ	武豊
2R	ブラッディムーン	太宰
3R	ニホンピロハビアー	武豊
4R	マハーラーニー	Dレーン
5R	リアアメリア	川田
12R	シンハラージャ	Dレーン

４Ｒと１２Ｒで１番人気に支持されているＤレーン騎手はオーストラリアを主戦にしているトップジョッキーです。25歳と年齢は若いですが、15歳から見習い騎手としてデビューしているため、キャリアは10年になります。2019年の４月に初来日を果たすと、怒涛の勢いで勝ち星を量産していきました。レーン騎手は１番人気での信頼度も高いので４Ｒと１２Ｒを勝負レースにします。

他のレースですが、５Ｒは頭数が７頭のため勝負レースからは除外です。２Ｒで１番人気ブラッディムーンに騎乗する太宰騎手は、2018年に１番人気での成績が（0.500、0.667、0.833）と非常に高

いのですが、サンプル数が少ないため太宰騎手も除外します。残り
は武豊騎手の１Ｒ、３Ｒとなりました。ここでは、より信頼度の高そ
うな１Ｒのスマートフルーレを選ぶことにします。スマートフルー
レはここまで３戦連続１番人気で２着の成績でした。西村騎手から
乗り替わった武豊騎手が前走でも手綱を取っているので、ここはよ
り信頼できそうな１番人気です。

　この日の勝負レースは１Ｒに決まりました。もしも１Ｒで負けた
場合は４Ｒで再び勝負、さらに４Ｒでも負けた場合には１２Ｒで勝
負していくことにします。あくまでも１戦１戦が勝負であり、勝ち越
したら終了です。目標回収率は160％にします。

　それでは最初の勝負レースを見ていきましょう。

2019年6月1日（土）阪神競馬場

１Ｒ　サラ系未勝利　ダート1800m

出馬表

馬番	騎手
1 メイショウハクト	小牧
2 モモコ	酒井
3 クラシックメジャー	加藤
4 マラスキーノ	三浦
5 ハッピーアモーレ	Dレーン
6 マーブルサニー	池添
7 ラキエストバイオ	高倉
8 クレスコセレーナ	藤懸
9 ハートウォーミング	西村
10 ゴルディロックス	富田
11 エールドール	幸
12 クインズジャスミン	小崎
13 リップグロス	斉藤
14 スマートフルーレ	武豊

15 キタノハピネス	国分恭

１番人気スマートフルーレは14番です。

続いて10分前に単勝オッズを確認します。

14 スマートフルーレ	1.7
11 エールドール	6.2
5 ハッピーアモーレ	7.0
9 ハートウォーミング	9.1
13 リップグロス	9.7
12 クインズジャスミン	25.6
6 マーブルサニー	30.3
2 モモコ	39.6
4 マラスキーノ	71.3
10 ゴルディロックス	100.6
7 ラキエストバイオ	101.2
1 メイショウハクト	163.3
3 クラシックメジャー	188.6
15 キタノハピネス	193.5
8 クレスコセレーナ	225.4

ここではスマートフルーレが1.7倍と抜けた人気になっています。

相手はオッズだけを見て決めます。2〜7番人気はこの6頭です。

11 エールドール	6.2
5 ハッピーアモーレ	7.0
9 ハートウォーミング	9.1
13 リップグロス	9.7
12 クインズジャスミン	25.6
6 マーブルサニー	30.3

軸は１４、相手は１１，５，９，１３，１２，６

馬券は３連複の１頭軸流しです（１５点買い）。

結果

1着	14 スマートフルーレ（1番人気）
2着	6 マーブルサニー（7番人気）
3着	9 ハートウォーミング（4番人気）

1番人気スマートフルーレは、逃げたクインズジャスミンを直線で捕らえ最後は5馬身差をつけて快勝しました。2着には追い込んできた7番人気のマーブルサニー、3着も追い込んできた4番人気ハートウォーミングが入りました。スマートフルーレは単勝1.7倍の支持に応えてくれました。武豊騎手の好騎乗も光りました。馬券も的中です。

払戻金　3連複6－9－14　2,990円

　投資金1,500円で払戻しは2,990円。収支はプラス1,490円、回収率は199%です。勿論ここで終了です。ここまで簡単に勝ってしまうと、もっと欲しくなりますが注意が必要です。欲を言えば、Dレーン騎手が1番人気の4Rと12Rも勝負したいです。しかし、勝ち逃げのルールはルールですので、ここは厳守するようにします。この日は目標回収率160%も超えました。欲を言いだしたらキリがありませんので、勝って終了とします。

勝ちパターンを掴んで阪神競馬で当てまくり

　最後にもう一例を見ていきます。

2019年9月21日（土）阪神競馬場

　ここでもう一度、阪神競馬場1番人気馬の成績を見てみます。

	勝率	連対率	複勝率
ダ1200	32.5%	52.6%	64.1%
ダ1400	34.0%	54.1%	66.9%
ダ1800	34.2%	56.9%	68.5%
ダ2000	36.4%	51.5%	57.6%
芝1200	34.0%	50.0%	63.2%
芝1400	28.7%	49.8%	60.8%
芝1600	33.1%	51.5%	64.4%
芝1800	30.5%	52.0%	64.0%
芝2000	28.4%	43.2%	58.1%

芝 2200	29.5%	47.5%	62.3%
芝 2400	31.8%	45.5%	60.6%
全コース平均	32.1%	50.4%	62.8%

　阪神のダートは距離を問わず１番人気の成績が良いことが分かります。中でも良いのは1400mと1800mです。また、芝では1600mの成績が最も良く、次が1800mになります。よって、阪神競馬場で勝負レースを決めていく際には、ダート1400m、ダート1800m、芝1600mの３つから選ぶようにします。もしも、この条件が少ない場合には芝1800m、そしてダート1200mも候補とします。

　この日、ダート1400mの条件で行われるレースは１１Rのみ。ダート1800mで行われるレースは４R、７R、芝1600mのレースは２Rと５Rです。勝負レース候補が計５レースありますので、この中から実際に馬券を買うレースを決めていきます。

　勝負レース候補のレースで１番人気に支持されそうな馬と騎手をチェックします。

　チェックする時間は当日ならばいつでも構いませんが、朝９時ぐらいが理想です。

2R	シャドウブロッサム		Cルメール
4R	サルサレイアもしくはセブンティサン	和田　松若	
5R	ロータスランド		福永
7R	オーヴェルニュ		川田
11R	バーニングペスカもしくはメイショウギガース	藤岡佑　岩田康	

　勝負レース候補の４Rではサルサレイアとセブンティサンが１番人気を競っており、どちらが１番人気になるか分かりません。オッズ差も無いと思われます。１１Rのバーニングペスカとメイショウギガースも同様で、２頭のどちらが１番人気になるか分かりません。この場合は勝負レースにできませんので、必然的に残った**２R、５R、７R**がこの日の勝負レースになります。

　騎手もルメール、福永、川田ですので信頼できそうです。もしも、こ

のように勝負レースを選び、残った騎手があまり信用できない場合には、最初に選んだ残り2つのコース（芝1800m、ダート1200m）から勝負レースを選ぶようにします。この日でしたら、芝1800mは3R、10Rに組まれており、ダート1200mは1R、6Rに組まれています。この日は最初の3コース（ダート1400m、ダート1800m、芝1600m）で勝負レースが決まったため、そちらを優先します。

　これで馬券を買うレースが決まりました。最初の勝負レースは2R、ここで勝った場合は即終了。もしも負けた場合は5Rで勝負、ここでも負けた場合には7Rで再び勝負となります。目標回収率は160％とします。

　最初の勝負レースを見ていきます。
2019年9月21日 (土)阪神競馬場
　2R　サラ系2歳未勝利　芝1600m
出馬表

馬名	騎手
1 コルテジア	和田
2 ローヌグレイシア	川田
3 ロードベイリーフ	福永
4 カヴァス	松若
5 アイロンワークス	酒井
6 レッドシャドー	岩田康
7 アズマオウ	団野
8 マイネルクライマー	国分優
9 テランガ	北村友
10 メイショウミモザ	池添
11 シャドウブロッサム	Cルメール
12 メイショウホルス	城戸
13 ドリームハット	国分恭
14 タナノフローラ	浜中

軸の1番人気シャドウブロッサムは11番です。

発走の10分前に単勝オッズを確認します。

11 シャドウブロッサム	1.5
3 ロードベイリーフ	7.4
10 メイショウミモザ	7.6
2 ローヌグレイシア	13.6
9 テランガ	13.8
4 カヴァス	17.0
14 タナノフローラ	45.7
1 コルテジア	48.8
5 アイロンワークス	49.3
8 マイネルクライマー	84.1
12 メイショウホルス	88.9
6 レッドシャドー	161.7
13 ドリームハット	344.5
7 アズマオウ	349.4

　1番人気のシャドウブロッサムは単勝1.5と抜けた人気になっています。

　相手は2〜7番人気ですので、この6頭になります。

3 ロードベイリーフ	7.4
10 メイショウミモザ	7.6
2 ローヌグレイシア	13.6
9 テランガ	13.8
4 カヴァス	17.0
14 タナノフローラ	45.7

　馬券は軸は1番人気の11、相手が3、10、2、9、4、14の6頭。3連複の1頭軸流しで買います。計15点買いです。

結果

1着	11 シャドウブロッサム （1番人気）
2着	1 コルテジア　　（8番人気）
3着	3 ロードベイリーフ （2番人気）

　1番人気のシャドウブロッサムが2番人気ロードベイリーフを直

線で差し切り１着でゴール。単勝1.5倍の人気に応えました。２着には追い込んできた８番人気のコルテジアが入り、３着は２番人気ロードベイリーフでした。軸の⑪は１着に来ましたが、相手に買っていない①が２着に来たため馬券は外れです。

投資金1,500円、払戻し０円。マイナス1500円。

最初の勝負レースで負けたので、次の５Ｒで再び勝負します。

５Ｒ　サラ系２歳新馬　芝1600m

出馬表

馬名	騎手
1 アドマイヤチャチャ	Cルメール
2 ヤマカツパトリシア	池添
3 ラボエーム	秋山
4 ハローグッバイ	岩田康
5 ベイキングヒート	浜中
6 ジュンジュン	高田
7 ロータスランド	福永
8 テーオーココナッツ	藤岡康
9 サトノジヴェルニー	北村友
10 スワーヴドン	川田
11 サトノヴィーナス	和田
12 フェニーチェスタ	松若
13 パンサラッサ	坂井
14 セウラサーリ	幸
15 クリノニキータ	国分優

軸の１番人気ロータスランドは７番です。

発走の10分前に単勝オッズを確認します。

7 ロータスランド	2.9
1 アドマイヤチャチャ	4.3
10 スワーヴドン	4.9
13 パンサラッサ	7.0
9 サトノジヴェルニー	8.6

14 セウラサーリ	16.8
11 サトノヴィーナス	27.8
5 ベイキングヒート	58.0
2 ヤマカツパトリシア	58.4
6 ジュンジュン	78.3
12 フェニーチェスタ	127.8
4 ハローグッバイ	140.6
8 テーオーココナッツ	241.4
3 ラボエーム	259.2
15 クリノニキータ	368.5

　新馬戦のため前走の参考材料も無く相手選びに苦労しそうですが、ここではオッズを見て選ぶだけです。血統も見なくて良いですし、調教タイムもパドックも見なくていいので超らくちんです。面倒くさいことは何もしたくないズボラな人向けの予想かもしれません。オッズを見て馬券を買えば当たる訳ですから。単勝２～６番人気はこの６頭になります。

1 アドマイヤチャチャ	4.3
10 スワーヴドン	4.9
13 パンサラッサ	7.0
9 サトノジヴェルニー	8.6
14 セウラサーリ	16.8
11 サトノヴィーナス	27.8

　馬券は軸が１番人気の７、相手は１，１０，１３，９，１４，１１の６頭です。３連複の１頭軸流しで買います。

結果

1着	７ ロータスランド（1番人気）
2着	10 スワーヴドン （3番人気）
3着	14 セウラサーリ （6番人気）

　好位を追走した１番人気のロータスランドが楽に差し切り勝ちしました。２Ｒもそうでしたが、阪神の芝外1600mは力の要るコースなので１番人気馬が能力を発揮しやすくなります。福永騎手が１番人気に応えてくれました。２着には３番人気スワーヴドン、３着は６

番人気のセウラサーリが入りました。馬券は的中です。2番人気のアドマイヤチャチャは12着に敗れました。

払戻金　3連複　7－10－14　3,730円

投資金1,500円で払戻しが3,730円なのでプラス2,230円です。

ここまでに計3,000円を使い、回収が3,730円です。収支はプラス730円、馬券回収率は124%でした。目標の160%には届きませんでしたが、勝ち越したためこの日の勝負は終了です。

ここまで中山と阪神の例を見てもらいました。

最初の勝負レースで勝つこともあれば、最初は負けてしまい2レース目、3レース目で勝負する場合もあります。その場合の投資金の比率に関してですが、基本は1：1：2、もしくは1：1：3でいけます。どういうことかと言うと、1点100円で投資した場合には、最初の勝負レースは1,500円、次も1,500円、その次は3,000円、もしくは4,500円と言った感じです。これでも十分にプラスにしていくことは可能ですが、より高い回収率を目指す場合には、1：2：4の比率で勝負することも可能です。その場合の投資金は最初が1,500円、2回目が3,000円、3回目の勝負は6,000円になります。慣れてきたら試してみましょう。私は試したことはありませんが、金丸式のように1：3：9でも良いと思います。いずれにしても原則は勝ち逃げですので、そこだけは徹底するようにしましょう。

ここまでは中央場所の中山競馬場と阪神競馬場を紹介してきました。中山と阪神競馬は通年で行われますが、唯一夏の期間は開催がありません。しかし、この馬券術は夏競馬でも使用が可能です。夏競馬は、福島、新潟、中京、小倉、札幌、函館と6場で行われます。ここで狙いとなるのが北海道開催です。理由はもちろん1番人気のコース相性＋騎手の信頼度の高さです。

最初に函館開催を見ていきます。

【ローカル函館編】

函館開催は夏場2ヶ月間だけの限定開催です。ローカルの中でも1番人気が好走しやすいコースが分かっているため「比較的勝ちやすい競馬場」だと言えます。方法はこれまでと一緒で単勝1番人気軸の相手2〜7番人気の6頭の3連複です。

函館競馬場のコース別1番人気データを見ていきます。

函館競馬場1番人気データ

	勝率	連対率	複勝率
ダ1000	29.1%	54.5%	66.4%
ダ1700	31.2%	52.3%	67.3%
芝1200	33.3%	53.5%	65.2%
芝1800	31.6%	52.0%	64.3%
芝2000	32.9%	42.9%	51.4%
芝2600	36.1%	44.4%	52.8%
函館全	32.0%	52.0%	64.5%

函館全コースの中で、最も1番人気の勝率が高いのは芝2600mです（36.1%）。しかし、芝2600mでは連対率（44.4%）、複勝率（52.8%）と、ともに低いため勝負レース向きではないことが分かります。函館競馬場で1番人気馬の馬券に絡む確率が高いのは**ダート1700mと芝1200m**です。この2つのコースから勝負レースを探していくようにします。もしも、この2コースに該当するレースが無い場合は、次に良いダート1000mから選ぶようにします。この条件のレースをチェックしていきます。

それでは函館競馬場の例を見ていきましょう。

2019年6月29日（土）

この日、ダート1700mの条件で行われるのは3R、6R、7R、9Rと4つありました。さらに、芝1200mで行われるのは1R、5R、8R、11R、こちらも4つありました。よって、この8つのレースの

中から勝負レース候補を探っていきます。

　次にそれぞれのレースで１番人気に支持されそうな馬と騎手をチェックします。見るタイミングはレース当日ならばいつでも構いません。理想は朝９時です。

1R	ティレニア	藤岡佑
3R	ダイヤーズブルーム	藤岡康
5R	マイルポスト	Cルメール
6R	カーブドシール	岩田康
7R	テイエムソレイユ	北村友
8R	リィーディングエッジ	Cルメール
9R	ナイルデルタ	岩田康
11R	ハウメア	Cルメール

　勝負レース候補において、１番人気になりそうな馬の騎手は藤岡兄弟、岩田康、北村友、そしてCルメールです。ここは信頼度の最も高いCルメールを選択します。

　よって、この日の勝負レースは５Ｒ、８Ｒ、１１Ｒとなりました。最初の勝負レースは５Ｒです。もしも、５Ｒで勝てばその時点で終了。負けた場合は８Ｒで再び勝負、ここでも負けた場合には１１Ｒで勝負という内容です。騎手がルメールですので、勝ちやすいことは間違いありません。目標回収率は160％とします。

それでは最初の勝負レースを見ていきます。

2019年6月29日（土）　函館競馬場

５Ｒ　サラ系２歳新馬　芝1200m

出馬表

馬名	騎手
1 マイルポスト	Cルメール
2 ニシノカテリーナ	勝浦
3 リュッカ	坂井
4 イデアイホマジョル	黛

5 ストレガ	柴山
6 メイショウチタン	北村友
7 スマートカーリー	武豊
8 ナリタブレード	岩田康
9 フェイバリット	松岡

このレースは頭数の少ない新馬戦です。

軸のリアルインパクト産駒マイルポストは1番です。

続いて10分前にオッズを確認し相手を選んでいきます。

単勝オッズは以下のようになっています。

1 マイルポスト	3.5
6 メイショウチタン	3.8
7 スマートカーリー	4.2
3 リュッカ	6.3
2 ニシノカテリーナ	7.0
8 ナリタブレード	14.5
4 イデアイホマジョル	66.1
9 フェイバリット	89.7
5 ストレガ	116.5

　新馬戦なので通常は血統や調教内容を見て馬券を買いますが、この馬券術ではオッズだけを見て軸も相手も決めます。相手2～7番人気はこの6頭です。

6 メイショウチタン	3.8
7 スマートカーリー	4.2
3 リュッカ	6.3
2 ニシノカテリーナ	7.0
8 ナリタブレード	14.5
4 イデアイホマジョル	66.1

頭数も少なく、組み合わせ次第ではトリガミになりそうですが

軸は1番人気の1、相手は6，7，3，2，8，4の6頭。

馬券は3連複軸1頭流しです。買い目の点数15点。

結果

1着	7 スマートカーリー （3番人気）
2着	8 ナリタブレード （6番人気）
3着	1 マイルポスト　（1番人気）

　勝ったのは前で競馬を進めた武豊騎乗の3番人気のスマートカーリーでした。スマートカーリーはエピファネイア産駒でした。2着には6番人気のナリタブレード。絶望的なポジションから追い上げて、何とか3着は確保した1番人気マイルポストです。Cルメール騎手の1番人気は3着に敗れてしまいました。しかし、3番人気、6番人気、1番人気の順で決まりましたので馬券は的中です。

払戻金　3連複　1－7－8　2,760円

　投資金1,500円で払戻しは2,760円。

　収支はプラス1,260円、回収率は184％です。目標の160％もクリアできました。Cルメール騎乗の1番人気マイルポストは3着に敗退しましたが、馬券はしっかり的中させることができました。勝負レースに勝ったため、ここで終了です。函館の場合は、他の競馬場に比べて頭数が少なく、配当も安くなる場合があります。1番人気を軸にする以上は、トリガミも覚悟しないといけません。しかし、トリガミを恐れて買い目を絞り、馬券を外すなんて言う話はよく聞きます。馬券が当たらないことには話になりません。とにかく当てることにフォーカスしましょう。

　参考までにこの日勝負レース候補に選んだ馬の成績は

1R	ティレニア	藤岡佑	⇒5着
3R	ダイヤーズブルーム	藤岡康	⇒9着
5R	マイルポスト	Cルメール	⇒3着
6R	カーブドシール	岩田康	⇒2着
7R	テイエムソレイユ	北村友	⇒2着

8R　リーディングエッジ	Cルメール	⇒2着
9R　ナイルデルタ	岩田康	⇒6着
11R　ハウメア	Cルメール	⇒2着

　という結果でした。8頭中5頭は馬券に絡んでいますが1頭も勝ちませんでした。

　馬券種によっては惨敗でした。3連複馬券で正解です。

1番人気が軸でも万馬券が的中！？

　続いての例を見ていきます。

2019年7月14日（日）函館競馬場

　最初に勝負レース候補を見つけていきます。前述したように函館競馬場で1番人気馬の馬券に絡む確率が高いのコースは**ダート1700mと芝1200m**です。次が**ダート1000m**です。

　この日、ダート1700mの条件で行われるレースは2R、6R、8R、12Rの4つです。芝1200mで行われるのは3R、9Rです。勝負レース候補が6つ見つかりました。

　続いて、それぞれの1番人気になりそうな馬と騎手をチェックします。チェックする時間は当日でしたらいつでも構いません。

2R　グッドヘルスバイオ	福永
3R　ディノーラ	岩田康
6R　カープドシール	岩田康
8R　ブラックハード	吉田隼
9R　エピックガール	北村友
12R　リワードアンヴァル	武豊

　吉田隼騎手を除く、福永騎手、岩田康騎手、北村友騎手、武豊騎手は1番人気では結果を残している騎手です。どこからでも勝負できそうですが、ここでは、2018年に1番人気で42勝している北村友騎手と、38勝している福永騎手を選択します。北村友騎手と福永騎手は1番人気での勝利数だけではなく勝率（北村0.359、福永0.342）も複勝率（北村0.701、福永0.694）も高くなっていますので信頼でき

そうです。

　ですので、福永騎手が1番人気の2Rと北村友騎手が1番人気の9Rを勝負レースとします。

　残るは岩田康騎手と武豊騎手ですが、武豊騎手は2018年に1番人気で32勝、勝率が0.291、岩田康騎手は21勝ですが勝率は0.356です。また複勝率は武豊騎手が0.609に対して、岩田騎手が0.729ですので、ここでは岩田康騎手の乗る馬を勝負レースの候補とします。3Rのディノーラか6Rのカープドシールに絞られましたが、ここではより勝負度の高そうな6Rのカープドシールにします。この馬は同じ函館コースで2走連続1番人気2着と好走しています。鞍上も同じ岩田騎手ですので、ここは期待できそうです。

　これでこの日の勝負レースが**2R、6R、9R**に決まりました。

　最初勝負レースの2Rで馬券を買い、もしも負けた場合には6Rで再び勝負、6Rでも負けた場合には9Rでの勝負となります。2Rで勝った場合には6R、9Rの馬券は買わず終了のルールです。目標回収率は160％とします。それでは最初の勝負レースを見ていきます。

2019年7月14日（日）　函館競馬場

　2R　サラ系3歳未勝利　ダート1700m

出馬表

馬名	騎手
1 スキンズマッチ	富田
2 ロズ	荻野
3 ララムリ	武藤
4 シゲルクロダイヤ	幸
5 パリッシュブルー	川島
6 グッドヘルスバイオ	福永
7 スコルピウス	吉田隼
8 ソルダートダズル	団野

9 クリノイナヅマオー	古川
10 ブランダード	加藤
11 ブライトアクトレス	菅原

軸の1番人気グッドヘルスバイオは6番です。

10分前に単勝オッズを確認します。

6 グッドヘルスバイオ	2.4
4 シゲルクロダイヤ	2.7
9 クリノイナヅマオー	5.5
7 スコルピウス	9.1
11 ブライトアクトレス	11.9
1 スキンズマッチ	30.8
5 パリッシュブルー	34.0
8 ソルダートダズル	48.7
3 ララムリ	91.3
2 ロズ	97.1
10 ブランダード	103.2

相手はオッズだけを見て6頭選びます。

2〜7番人気は以下の6頭です。

4 シゲルクロダイヤ	2.7
9 クリノイナヅマオー	5.5
7 スコルピウス	9.1
11 ブライトアクトレス	11.9
1 スキンズマッチ	30.8
5 パリッシュブルー	34.0

軸は1番人気の6、相手は4，9，7，11，1，5の6頭に決まりました。

馬券は3連複1頭軸流しです。頭数も少ないため、組み合わせ次第ではトリガミになりそうなレースです。しかし勝つためのルールはルールですので、途中で勝手に変えたりしてはいけません。また自分なりにアレンジしてもダメです。あくまでも原則を守ります。

結果

1着	6 グッドヘルスバイオ（1番人気）
2着	11 ブライトアクトレス（5番人気）
3着	1 スキンズマッチ　（6番人気）

　前で粘る5番人気ブライトアクトレスを最後は綺麗に差し切った1番人気グッドレスバイオ。福永騎手が見事1番人気に応えての勝利でした。3着には6番人気スキンズマッチが入り馬券は的中です。

払戻金　3連複　1−6−11　12,020円

なんと、**3連複で万馬券**が当たりました。

　投資金1,500円で払戻しが12,020円。収支はプラス10,520円です。馬券の回収率は801％になりました。組み合わせ次第ではトリガミかも？　と思われたレースでしたが、結果は大勝利でした。1着のグッドレスバイオは買えるとして、2着に来たブライトアクトレスと3着のスキンズマッチは普通に予想していては、なかなか買いにくい馬です。ブライトアクトレスは前走も同じ函館で9着に敗れています。騎手も武豊騎手から菅原騎手へと乗り替わりです。スキンズマッチにおいては、前走は芝のレースでしたが10番人気で13着です。ダートの成績も中央では（0,0,0,4）でしたので買える要素がほぼ無いのです。しかし、オッズを用いた馬券術では、この馬が6番人気に入っていたため買うことができています。これがオッズの力です。馬券は2番人気のシゲルクロダイヤが飛んでくれたこともあり、万馬券を獲ることもできました。

　この日の勝負はもちろんここで終了です。大幅に勝ったので、次もやりたくなってしまいます。仮にこの後3,000円使ってもまだプラスだからです。しかりリルールはルールなので厳守します。目標も大きくクリアできました。

　1番人気を軸馬に相手も2〜7番人気ですが、3連複馬券でも組み合せ次第では万馬券も獲れることが分かりました。単勝や複勝の

馬券では考えられないことです。

参考までに、この日勝負レース候補に選んだ馬の成績は

2R	グッドヘルスバイオ	福永	⇒1着
3R	ディノーラ	岩田康	⇒9着
6R	カープドシール	岩田康	⇒3着
8R	ブラックハード	吉田隼	⇒2着
9R	エピックガール	北村友	⇒4着
12R	リワードアンヴァル	武豊	⇒1着

という結果でした。

　「夏競馬は難しい」と言う人がいます。中には「夏競馬は当たらないからやらない」といった人もいるぐらいです。しかし、レース選択さえ間違わなければ、夏競馬だろうが秋競馬だろうが当たることは間違いありません。穴馬の好走が目立つ競馬場を選んだり、人気馬が飛びやすいレースを買うから当たらないのです。この３連複１５点買いの馬券術ですと勝てる競馬場は限定されますが、夏競馬でもしっかり勝つことができます。勝ちやすい競馬場で、かつ勝ちやすいコースで勝利を積み重ねていきたいものです。

１番人気好走コース＋騎手で馬券は簡単に獲れる

　次の函館の例を見ていきます。

2019年7月20日（土）　函館競馬場

　最初に勝負レース候補を見つけていきます。前述したように函館競馬場で１番人気馬の馬券に絡む確率が高いのはダート1700mと芝1200mです。次がダート1000mです。

　この日、ダート1700mの条件で行われるレースは３Ｒ、８Ｒ、１２Ｒです。芝1200mで行われるのは４Ｒ、６Ｒ、９Ｒ、１１Ｒです。該当レースが７レースありますので、この中から勝負レースを選んでいきます。これら候補レースで１番人気に支持されそうな馬と騎

手をチェックします。

3R	マーベラスアゲン	Cルメール
4R	メイショウウチデ	藤岡康
6R	ノンストップ	Cルメール
8R	チャチャチャ	池添
9R	キタイ	武豊
11R	ハウメア	Cルメール
12R	ナムラカメタロー	石川

　この中から実際に馬券を買う勝負レースを決めていきます。4Rで1番人気予想のメイショウウチデの藤岡康太騎手ですが、2018年は年間59勝しています。1番人気成績は (0.236、0.418、0.564) とやや物足りなさを感じます。池添騎手ですが、2018年は年間60勝と藤岡康騎手とは1勝しか変わりません。しかし1番人気での成績は (0.350、0.625、0.750) とルメール騎手以上に高くなっています。池添騎手の1番人気は買いとなります。石川騎手は2018年の勝利数こそ20勝と少ないですが、こちらも1番人気成績は (0.417、0.583、0.750) と優秀な数字です。

　1番人気で優秀な結果を残している池添騎手、石川騎手。そして武豊騎手、Cルメール騎手はともに信頼度の高い騎手ですので、藤岡康太騎手の4R以外ならどこからでも勝負できそうです。

　11Rのハウメアはルメール騎手がここまで何回も乗っていますし、前走も1番人気2着と好走していますので、ここは買いとします。残る2レースですが、勝負度の高そうな3Rのマーベラスアゲンと8Rのチャチャチャを選ぶことにします。マーベラスアゲンは前走2着で今回はルメール騎手へと乗り替わります。チャチャチャも前走2着でしたが、こちらは再び池添騎手が手綱を取ります。どちらも負けられない一戦です。

　この日の勝負レースが決まりました。最初の勝負レースは3Rです。もしもここで負けた場合には8Rで再び勝負、8Rでも負けた場合には11Rで勝負というルールとします。もちろん3Rで勝ち

越した場合にはそこで終了、8R以降は買いません。目標回収率は160%です。

最初の勝負レースを見ていきます。

2019年7月20日 (土)　函館競馬場

3R　サラ系3歳末勝利　　ダート1700m

出馬表

馬名	騎手
1 アルファムーン	丹内
2 ディアマキニスタ	岩田康
3 アルモニーセレスト	富田
4 ボナセーラ	武豊
5 ブライトアクトレス	菅原
6 ナムラオニヘイ	藤岡佑
7 ラインシャーロット	武藤
8 マーベラスアゲン	Cルメール
9 カガストロング	川島
10 グランドバレエ	柴山
11 ハードエイム	原田

軸馬のマーベラスアゲンは8番です。

10分前の単勝オッズを見て相手を決めます。

8 マーベラスアゲン	3.8
4 ボナセーラ	4.1
5 ブライトアクトレス	4.2
2 ディアマキニスタ	4.4
1 アルファムーン	6.7
6 ナムラオニヘイ	17.5
9 カガストロング	17.8
7 ラインシャーロット	110.5
3 アルモニーセレスト	123.1
10 グランドバレエ	141.5
11 ハードエイム	210.5

軸馬は1番人気8マーベラスアゲンですが、相手は2〜7番人気になるので以下の6頭です。

4 ボナセーラ	4.1
5 ブライトアクトレス	4.2
2 ディアマキニスタ	4.4
1 アルファムーン	6.7
6 ナムラオニヘイ	17.5
9 カガストロング	17.8

　6番人気が17.5倍、7番人気が17.8倍なのに対して、8番人気以降は単勝100倍以上と非常に高くなっています。ということは、よほどのことが無い限り馬券は当たりそうです。

　軸が1番人気の8、相手は4，5，2，1，6，9の6頭。

　馬券は3連複1頭軸流しです。点数は15点買いになります。

結果

1着	5 ブライトアクトレス（3番人気）
2着	4 ボナセーラ　　　（2番人気）
3着	8 マーベラスアゲン（1番人気）

　スタート直後に5番人気のアルファムーンは落馬。好位でレースを進めた3番人気ブライトアクトレスが直線で先頭に立ち、そのまま押し切ってゴールしました。2着には逃げた2番人気ボナセーラが入り、1番人気マーベラスアゲンは3着を確保しました。危ない結果でしたが馬券は的中です。Cルメール騎手だからこそ3着に来れたのであり、もしも他の騎手だとしたら3着にも残れていなかったように思います。馬券を買う際ですが、騎手は非常に大事なポイントになります。

払戻金　3連複　4−5−8　1,320円

　1番人気、2番人気、3番人気での決着となり獲って損の結果です。投資金1,500円、払戻しが1,320円。収支はマイナス180円、回収

率は88％です。馬券は当たりましたが、結果はマイナスですので、次の勝負レースに向かいます。獲って損でしたが、考えようによっては、1〜3番人気の組み合わせで88％も回収できました。これはラッキーです。88％も回収できたということは次の勝負が楽になります。次の勝負レースは8Rです。

8R　サラ系3歳上1勝クラス(500万円以下) ダート1700m
出馬表

馬名	騎手
1 クリノアスコット	団野
2 ビーコンファイヤー	松田
3 ティボリドライヴ	菱田
4 エトワールドパリ	丹内
5 ヘイセイラスト	藤岡康
6 ミザイ	竹ノ内
7 チャチャチャ	池添
8 グッバイガール	木幡
9 ルア	黛
10 ジュリアヴィーナス	加藤
11 トゥービーシック	横山和
12 キタノオドリコ	石川
13 ショウナンマシェリ	岩田康
14 ナムラオッケー	亀田

軸のチャチャチャは7番です。

10分前に単勝オッズを確認して相手を決めます。

7 チャチャチャ	1.7
5 ヘイセイラスト	4.4
8 グッバイガール	12.8
10 ジュリアヴィーナス	16.5
13 ショウナンマシェリ	16.5
3 ティボリドライヴ	17.9
4 エトワールドパリ	18.6
1 クリノアスコット	22.3

11 トゥービーシック	24.8
12 キタノオドリコ	44.4
14 ナムラオッケー	63.7
6 ミザイ	125.2
9 ルア	168.3
2 ビーコンファイヤー	187.6

軸のチャチャチャは単勝1.7倍と圧倒的な支持を集めています。
ここは信頼して良さそうです。単勝2〜7番人気は以下の6頭です。
この6頭が相手になります。

5 ヘイセイラスト	4.4
8 グッバイガール	12.8
10 ジュリアヴィーナス	16.5
13 ショウナンマシェリ	16.5
3 ティボリドライヴ	17.9
4 エトワールドパリ	18.6

馬券は軸が1番人気の7、相手は5, 8, 10, 13, 3, 4の6頭。
3連複軸1頭流し、15点買いです。
本当に何も考えずに単勝オッズを見て選ぶだけです。

結果

1着	8 グッバイガール（3番人気）
2着	13 ショウナンマシェリ（5番人気）
3着	7 チャチャチャ（1番人気）

逃げた3番人気のグッバイガールがそのまま押し切ってゴール。
2着も好意追走の5番人気ショウナンマシュリが入りました。3着
には1番人気のチャチャチャ。前前での決着となりました。圧倒的
1番人気のチャチャチャは3着に敗れました。単勝1.7倍でしたので
池添騎手にはもう少し頑張って欲しかったですが馬券は的中です。

払戻金　3連複　7−8−13　3,600円

投資金1,500円で回収が3,600円。収支はプラス2,100円、回収率

は240％です。

　1番人気の軸馬が単勝1.7倍の支持を集めていたので、組み合わせ次第ではトリガミも考えられましたが、ここは30倍を超える高配当となりました。

　この日は、投資金3,000円に対して払戻しが4,920円。

　プラス1,920円、回収率が164％でした。ここで終了です。目標の160％も超えることができました。

　参考までにこの日の勝負レース候補馬の結果です。

3R	マーベラスアゲン	Cルメール	⇒ 3着
4R	メイショウウチデ	藤岡康	⇒ 1着
6R	ノンストップ	Cルメール	⇒ 2着
8R	チャチャチャ	池添	⇒ 3着
9R	キタイ	武豊	⇒ 11着
11R	ハウメア	Cルメール	⇒ 1着
12R	ナムラカメタロー	石川	⇒ 1着

　9Rのキタイ以外は全頭3着以内に来ていました。

　ここまで函館競馬場での例を見ていただきました。原則通りに進めていけば、非常に勝ちやすいことが分かったと思います。夏競馬でも、レース選択さえ間違わなければ勝てます！　しかし函館の場合は、どうしても頭数が少なくなることもあります。その場合、トリガミ（獲って損）が発生する場合もあります。しかし、それは仕方のないことだと割り切りましょう。決して毎回ではありませんし、トリガミを恐れて馬券を外すよりは圧倒的にいいです。

　また、函館開催は梅雨の時期に重なるため、天候と馬場が悪くなる日があります。重～不良馬場の場合は馬券も当たりにくくなりますので、購入を見送るのが良いでしょう。他の競馬場でも一緒です。

　続いて同じ北海道開催、札幌競馬場を見ていきます。

　札幌はスーパーG2とも呼ばれるレース「札幌記念」が行われる競

馬場です。毎年豪華メンバーの参戦で話題となる札幌記念ですが、2019年はブラストワンピース、ワグネリアン、フィエールマンらが参戦しGIレース並みに盛り上がりました。私も大好きな競馬場の一つです。

【ローカル札幌編】

　札幌競馬場も函館同様、夏季限定です。開催期間は函館よりも短い約５週間です。洋芝・平坦コースが特徴で予想が難しいイメージの札幌競馬場ですが、実は比較的勝ちやすい競馬場の一つです。パターンはこれまでと一緒です。

まずは１番人気のコース別成績

	勝率	連対率	複勝率
ダ1000	29.7%	53.4%	63.6%
ダ1700	33.1%	52.0%	65.5%
芝1200	32.1%	50.7%	61.9%
芝1500	34.6%	59.0%	67.9%
芝1800	43.9%	58.2%	69.4%
芝2000	22.5%	43.7%	52.1%
芝2600	18.8%	34.4%	46.9%

　芝1500mと芝1800mの成績が非常に高いことが分かります。勝負レースをこの２コースに限定しても良いですが、その条件で行われるレースが少なかった時のために**ダート1700m**も押さえておきます。勝負レースはこの３つのコースから探っていきます。

　それでは札幌競馬場での例を見ていきます。

夏競馬も必勝パターンを掴めば、毎回プラス回収！？
2019年7月28日（日）札幌競馬場

　この日、芝1500mの条件で行われるレースは４Ｒ、10Ｒ。芝1800mは５Ｒ、８Ｒ、11Ｒです。勝負レース候補が５つあるので、この中から選んでいきます。もしも、候補が４つ以下の場合は、ダー

ト1700mからも探っていくようにしましょう。

　続いて、それぞれの１番人気になりそうな馬と騎手をチェックします。チェックする時間は当日でしたらいつでも構いません。理想は午前９時です。

4R	スリーカナロアー	柴山
5R	レザネフォール	三浦
8R	エンシュラウド	Cルメール
10R	ダブルシャープ	柴山
11R	ミッキーチャーム	川田

　８ＲのエンシュラウドはＣルメール騎手で買いなのですが、このレースは７頭立てのため見送りになります。１１Ｒのミッキーチャームは川田騎手なので買いと判断します。残りは４Ｒ、５Ｒ、１０Ｒです。三浦騎手は１番人気での成績も良いので５Ｒレザネフォールは買いです。残りは柴山騎手が乗る４Ｒと１０Ｒに絞られました。柴山騎手はサンプル数も少ないのですが、１番人気での成績(0.111、0.278、0.333)があまり良くありません。

　しかしここは最初の勝負レースでもあり、より信頼できそうなスリーカナロアーの４Ｒを選択します。もしも外れた場合でも、５Ｒと１１Ｒで再度勝負できるからです。

　よって、この日最初の勝負レースは４Ｒに決まりました。もしも４Ｒが外れた場合は５Ｒで勝負、ここも外れた場合は１１Ｒで勝負になります。もちろん勝った場合には最後まで馬券を買わずに終了する勝ち逃げルールです。目標回収率は160％とします。

　それでは最初の勝負レースを見ていきます。

2019年7月28日（日）　札幌競馬場

　４Ｒ　サラ系３歳未勝利　芝1500m

馬名	騎手
1 サトノプロミネント	勝浦
2 ルパンスール	菅原

3 ワイルドオーキッド	丹内
4 キュートアクトレス	古川
5 クロランサス	横山武
6 グレイシャスギャル	川田
7 スリーカナロアー	柴山
8 ランランウイング	藤岡康
9 ボーズキャット	団野
10 ティレニア	藤岡佑
11 サトノエレーナ	池添
12 ソルパシオン	松岡
13 シュンカジョウ	武豊

軸のスリーカナロアーは7番です。

続いて10分前に単勝オッズを確認します。

7 スリーカナロアー	3.0
5 クロランサス	5.0
8 ランランウイング	5.0
6 グレイシャスギャル	5.3
10 ティレニア	8.9
13 シュンカジョウ	14.2
12 ソルパシオン	23.2
3 ワイルドオーキッド	28.9
1 サトノプロミネント	32.5
11 サトノエレーナ	34.7
4 キュートアクトレス	131.7
9 ボーズキャット	152.0
2 ルパンスール	210.6

軸のスリーカナロアーは単勝3.0倍。

相手もオッズを見て選んでいきます。2〜7番人気は以下の6頭です。

5 クロランサス	5.0
8 ランランウイング	5.0
6 グレイシャスギャル	5.3
10 ティレニア	8.9
13 シュンカジョウ	14.2
12 ソルパシオン	23.2

　２～４番人気は混戦となっていて、どれが上位に来るか分からない状態です。

　しかし馬券は１番人気の７を軸に相手は５、８、６、１０、１３、１２の６頭。３連複軸１頭流しで買います。

結果

1着	7 スリーカナロアー（1番人気）
2着	5 クロランサス　（2番人気）
3着	10 ティレニア　（5番人気）

　好位を追走し直線でうまく抜け出た１番人気スリーカナロアーが１着でゴール。２着には追い込んできた２番人気のクロランサス。３着には５番人気のティレニアが入りました。やや不安視していた柴山騎手でしたが、１番人気に応えてくれました。馬券も的中です。

払戻金　３連複　５－７－１０　2,230円

　投資金1,500円で払戻しが2,230円ですので、プラス730円。馬券回収率は149％でした。目標には届きませんでしたが、勝ち越したので終了となります。この日は後半の勝負レースにも自信がありましたが、ルールはルールです。あくまでも勝ったら終了、勝ち逃げです。これは徹底しなくてはいけません。例えプラス10円であったとしてもプラスになれば終了します。今回だけとか、なんらかの特例はありません。

　参考までにこの日の勝負レース候補馬の結果です。

4R	スリーカナロアー	柴山	⇒1着
5R	レザネフォール	三浦	⇒1着
8R	エンシュラウド	Cルメール	⇒3着
10R	ダブルシャープ	柴山	⇒3着
11R	ミッキーチャーム	川田	⇒1着

勝負レースの候補に選んだ馬は全頭３着以内に来ました。レース

の選択は間違ってないことを確信しました。難しいと言われる夏競馬でも、きちんと手順を踏んでいけば勝てるということです。

次の例を見ていきます。

2019年8月10日（日）　札幌競馬場

前述したように、札幌競馬場において1番人気の成績が良いのは芝1500mと芝1800mのコースです。次がダート1700mです。勝負レースを選ぶ場合には、まず芝1500mと芝1800mのレースを探り出し、もしもその条件で行われるレースが少なかった時にはダート1700mも押さえるようにします。

この日、芝1500mの条件で行われるレースは5R、11R。芝1800mで行われるレースは2R、10Rです。計4レースしかないため、ダート1700mで行われる1R、3R、6R、9Rも候補として押さえておきます。しかし、この日は芝が稍重なのに対して、ダートが不良でした。馬場が重～不良の場合は購入しないルールです。よって、芝のレースで勝負レースを決めていきます。芝のレースは2R、5R、10R、11Rです。勝負レースの対象が4つありますので、この中から実際に馬券を買うレースを選んでいきます。

勝負レース候補で1番人気に支持されそうな馬と騎手をチェックします。

2R コスミックエナジー	藤岡佑
5R ショウリュウハル	松岡
10R ルーチェデラヴィタ	池添
11R ダブルシャープ	柴山

11Rのダブルシャープに騎乗する柴山騎手ですが2018年は年間25勝。1番人気での成績は（0.111、0.278、0.333）です。サンプル数も少ないですが、1番人気で買いにくいことは確かです。また11Rはメインレースのため、他にも有力馬が数頭います。となると、この日の勝負レースは2R、5R、10Rに絞られます。松岡騎手と池添騎手は信頼できそうです。最初の勝負レースは2Rに決まりました。

もしも２Ｒで勝った場合には終了、負けた場合には５Ｒで再び勝負、そこでも負けた場合は１０Ｒで勝負というルールです。目標回収率は160%とします。

　それでは見ていきます。

2019年8月10日（土）　札幌競馬場

２Ｒ　サラ系２歳未勝利　芝1800m

出馬表

馬名	騎手
1 コスモタイシ	丹内
2 ウインセレナード	松岡
3 クリノテッパン	古川
4 ヴィクトワールボス	岩田康
5 コスミックエナジー	藤岡佑
6 ワイルドピット	菅原
7 クリノティファニー	横山典
8 ハギノエスペラント	藤岡康
9 ウインドジャマー	Cルメール
10 マイネルソラス	横山武
11 クラウンマハロ	柴山
12 ワンダーカムラング	石川
13 シャーベットフィズ	吉田隼
14 ドゥラモット	池添

軸のコスミックエナジーは５番です。

次に10分前に単勝オッズを確認します。

5 コスミックエナジー	2.7
9 ウインドジャマー	3.4
14 ドゥラモット	7.0
1 コスモタイシ	8.7
4 ヴィクトワールボス	12.7
10 マイネルソラス	13.2
2 ウインセレナード	24.4
8 ハギノエスペラント	30.6

12 ワンダーカムラング	45.1
7 クリノティファニー	46.2
13 シャーベットフィズ	218.3
6 ワイルドピット	304.4
3 クリノテッパン	474.6
11 クラウンマハロ	533.1

2歳の未勝利戦であるため、予想もそれなりに難解です。

しかし、ここではオッズを見るだけで良いので非常に簡単ですね。

軸は1番人気の5コスミックエナジーですが

2～7番人気はオッズによると以下の6頭になります。

9 ウインドジャマー	3.4
14 ドゥラモット	7.0
1 コスモタイシ	8.7
4 ヴィクトワールボス	12.7
10 マイネルソラス	13.2
2 ウインセレナード	24.4

馬券は軸が1番人気の5、相手は9、14、1、4、10、2の6頭。

3連複の1頭軸流しで買います。

結果

1着	5 コスミックエナジー （1番人気）
2着	9 ウインドジャマー（2番人気）
3着	8 ハギノエスペラント（8番人気）

逃げた2頭を見るように4コーナーでじっくりと先頭に立った1番人気のコスミックエナジーがそのまま1着。しかし2着以下が大混戦となり、2着は追い込んできた2番人気ウインドジャマー、3着には8番人気ハギノエスペラントが入りました。クビ差の4着に7番人気のウインセレナードという結果でした。1番人気のコスミックエナジーはきっちり勝ちましたが、3着に8番人気が来てしまったため馬券は外れです。

投資金1,500円、払戻し0円、マイナス1,500円です。

最初の勝負レースに負けたので、次は5Rで勝負していきます。

5R　2歳新馬　芝1500m
出馬表

馬名	騎手
1 アースウルフ	加藤
2 ハルプモント	Cルメール
3 ショウリュウハル	松岡
4 チョウハンパナイ	団野
5 テーオークイーン	藤岡康
6 ジェシーハート	坂井
7 トーセンシュバリエ	菱田
8 テイエムファンキー	国分恭
9 ヴェルテックス	藤岡佑
10 ヒルノブルージュ	横山和
11 アイシーブルー	勝浦
12 メイショウミモザ	池添
13 コスモオーブ	丹内
14 イッツアワターン	岩田康

　1番人気の軸馬ショウリュウハルは3番です。
　新馬戦の予想が全く分からないと言う人がいます。確かにまだ一度も走っていない馬達なので、予想は調教や血統、そしてパドックで判断するしかないわけです。競馬に慣れていない人だと、これは結構難しい作業だったりします。しかし、この馬券術では調教も血統も見ません。もちろんパドックも見ません。見るのは10分前単勝のオッズだけです。

3 ショウリュウハル	3.0
12 メイショウミモザ	3.9
2 ハルプモント	6.0
6 ジェシーハート	7.9
9 ヴェルテックス	8.0
10 ヒルノブルージュ	11.4
14 イッツアワターン	36.0

5 テーオークイーン	38.2
11 アイシーブルー	61.2
4 チョウハンパナイ	92.0
1 アースウルフ	101.6
13 コスモオーブ	125.5
7 トーセンシュバリエ	181.0
8 テイエムファンキー	221.9

軸の1番人気ショウリュウハルは3.0倍。

相手は2〜7番人気の馬ですので以下の6頭です。

12 メイショウミモザ	3.9
2 ハルプモント	6.0
6 ジェシーハート	7.9
9 ヴェルテックス	8.0
10 ヒルノブルージュ	11.4
14 イッツアワターン	36.0

馬券は1番人気の3を軸に、相手は12, 2, 6, 9, 10, 14の6頭。3連複の軸1頭流しで買います。

結果

1着	3 ショウリュウハル（1番人気）
2着	14 イッツアワターン（7番人気）
3着	12 メイショウミモザ（2番人気）

好スタートを決めて逃げる形となった1番人気のショウリュウハルが、直線でも後続を突き放しそのままゴール。松岡騎手が1番人気に応えてくれました。2着には7番人気のイッツアワターン、3着にはメイショウミモザが入りました。馬券は的中です。

払戻金　3連複3－12－14　3,520円

投資金1,500円に対して払戻しが3,520円。このレースはプラス2,020円です。馬券回収率は235％でした。調教も血統もパドックも見ずに、オッズだけを見て買った馬券が的中です。これだけ簡単な馬券術もなかなか無いと思います。

　ここまで投資金3,000円を使い、払戻しは3,520円ですのでプラス520円。回収率は117％でした。大きく勝ち越すことはできませんでしたが、プラスになったので終了です。コツコツと勝ちを積み重ねることが大事ですね。

　競馬をしていると一攫千金を夢見てしまいます。しかしトップ1％に上り詰めるためには一撃必殺で大きな払戻しを得るのではなく、地道に勝っていくしかありません。

　毎回もっと勝負したいところを我慢して勝ち逃げしているため、小さな勝ちで終わっているようにも見えます。それが遠回りにも見えますが、実際はこれが勝ち組へ続く一番の近道であったりします。とにかく決めたルールを厳守し、原則通りに進めていきましょう。

1番人気のルメール軸でも回収率368％！

　次の例を見ていきます。

2019年8月10日（日）　札幌競馬場

　札幌競馬場もレース選択さえ間違わなければ勝てることが分かったと思います。勝ちやすいレースで勝負することが大切ですね。

　はじめに勝負レース候補を見つけていきます。札幌競馬場で1番人気の成績が良いのは、前述したように芝1500mと芝1800mです。勝負レースはこの2コースに限定しても良いですが、その条件で行われるレースが少なかった時のためにダート1700mも押さえておきます。

　この日、芝1500mの条件で行われるレースは1Rと9R、芝1800mの条件で行われるレースは5Rのみです。よって、ダート1700mで行われる4R、6R、10Rも勝負レース候補とします。

　次に候補に挙がったレースで1番人気に支持されそうな馬と騎手をチェックします。

1R	ヴェスターヴァルト	Cルメール
4R	ブランデラムジー	加藤

5R	ミヤマザクラ	藤岡佑
6R	パンクショット	団野
9R	オータムレッド	Cルメール
10R	サンチェサピーク	Cルメール

　この日は、1R、9R、10Rで1番人気になりそうな馬にルメールが乗るため、これら3レースを勝負レースにします。他の騎手の1番人気よりもルメールの1番人気の方が信頼度は断然高くなるためです。よって、最初の勝負レースは1R、もしもここで勝ったら終了、負けた場合には9Rで再び勝負、ここでも負けた場合にのみ10Rで勝負することにします。回収率の目標回収率は160％とします。

　毎回目標を掲げていますが、常に目標は大事です。目標が定まらないと、どこを目指して良いのかも分からなくなります。年間でプラス回収を目指すとするならば、月間目標はいくら、さらに週間目標はいくらと細かく設定していき、それぞれをクリアしていけば年間の目標も達成していけるようになります。年間プラス回収を目指して頑張りましょう。目標はあくまでも現実的な数値が良いです。

　それでは最初の勝負レースを見ていきます。

2019年8月10日（日）　札幌競馬場
1R　サラ系2歳未勝利　芝1500m
出馬表

馬名	騎手
1 サイモンルグラン	勝浦
2 ポーカークイーン	松田
3 ナリタブレード	岩田康
4 シャチ	菅原
5 ヴェスターヴァルト	Cルメール
6 ウインアクティーボ	松岡
7 タカシーフェイス	吉田隼
8 レディトゥラン	団野
9 メイショウチタン	横山典

10 グレイスフルダンス	戸崎

軸の１番人気ヴェスターヴァルトは５番です。

相手は10分前の単勝オッズを見て決めていきます。

５ ヴェスターヴァルト	1.5
３ ナリタブレード	6.0
６ ウインアクティーボ	8.0
２ ポーカークイーン	8.1
９ メイショウチタン	19.0
４ シャチ	34.7
10 グレイスフルダンス	35.0
１ サイモンルグラン	40.4
８ レディトゥラン	146.4
７ タカシーフェイス	170.7

１番人気の５が軸馬となり、

２〜７番人気はこの６頭が相手になります。

３ ナリタブレード	6.0
６ ウインアクティーボ	8.0
２ ポーカークイーン	8.1
９ メイショウチタン	19.0
４ シャチ	34.7
10 グレイスフルダンス	35.0

１番人気のヴェスターヴァルトは単勝1.5倍と抜けた人気です。

頭数も少ないことからトリガミもあり得ます。

それでも馬券は軸が一番人気の５、相手３, ６, ２, ９, ４, 10の６頭。

３連複の１頭流しで買います。

結果

1着	５ ヴェスターヴァルト（1番人気）
2着	10 グレイスフルダンス（7番人気）
3着	９ メイショウチタン（5番人気）

　先行した５番人気メイショウチタンを最後の直線で計ったように差し切ったのが１番人気ヴェスターヴァルト。Ｃルメール騎手がきっちり単勝一番人気に応えてくれました。２着には追い込んできた

113

7番人気グレイスフルダンス、さらに前で粘った5番人気メイショウウチタンが3着に入りました。馬券は的中です。

払戻金　3連複　5－9－10　5,520円

　勝ったのは単勝1.5倍の1番人気でしたが、2着が7番人気、3着が5番人気だったため50倍以上の高配当をゲットすることができました。

　投資金1,500円で払戻しが5,520円ですので、プラス4,020円です。馬券回収率は368％になりました。この日は目標を大きく上回る大勝利です。もちろん勝ち逃げすることは分かっていますよね。

　参考までにこの日の勝負レース候補馬の結果です。

1R	ヴェスターヴァルト	C ルメール	⇒1着
4R	ブランデラムジー	加藤	⇒3着
5R	ミヤマザクラ	藤岡佑	⇒4着
6R	パンクショット	団野	⇒8着
9R	オータムレッド	C ルメール	⇒1着
10R	サンチェサピーク	C ルメール	⇒5着

　以上のように夏競馬の期間は函館と札幌を中心に馬券を買うようにしていけば、高確率で勝てることが分かりました。やることは勝負レースを決めて、オッズを見て馬券を買うだけなので何も難しいことはありません。しかし、勝った時点で終了する、これが何よりも難しいと思われます。感情のコントロールが勝負を決めると言っても過言ではありません。また毎週競馬をしていれば当然負ける日もあります。そんな場合でも誰かのせいにしたり、勝手にルールを変えたり、落ち込んだりしないようにします。反省と検証を繰り返しながらトップ1％を目指して淡々と進めていきましょう。

　この3連複15点買いの馬券術ですが、東京や京都でも使えないかを試したことがあります。もしも東京、京都で使えるならば、中山、阪

神に加え通年で使えるからです。しかし、いくら検証しても東京と京都で勝つことは難しかったです。原因は、東京と京都の場合は1番人気の信頼度が他の競馬場よりも低いためです。加えて穴馬の好走も多く、1番人気から2〜7番人気という勝利のパターンが成り立たないのです。もちろん当たることもありますが、トータル的に見ると勝ちきれないのが実情です。ですので、ここは素直に**相性の良い中山、阪神**を中心に使っていくのが良いです。そして夏の期間は**函館、札幌**で勝負していきましょう。せっかく勝てる競馬場があるのに無謀なギャンブルをする必要はありません。

　ここまで見てもらったように、**3連複15点買い**という馬券術を取り入れることで馬券が当たるようになりました。やったことと言えば、**勝負レースを決めて、後は10分前にオッズを見て馬券を買った**だけです。わずかそれだけで見てもらったような高い的中率と回収率を上げることに成功しています。時には獲って損もありますが、この方法を用いることにより的中率は各段にアップしたことでしょう。

　しかし問題は勝つためのルールです。最初にここをしっかり決めておかないと、せっかく的中率が高くなっても負けてしまう確率が高くなります。勝ったら即終了、勝ち逃げのルールは徹底するようにしましょう。コツコツと勝ちを積み重ねることが大事です。

　毎週競馬をしていて、何レースも買っている人にとっては非常に物足りなく感じるかもしれません。しかし私たちが目指すのはお金を使って競馬を楽しむファンではなく、競馬勝ち組です。トップ1％です。だからこそ勝つためのルールを徹底していく必要があります。

第4章

実際に勝てる馬券術パート2

３連複わずか５点買いで勝率８０％を叩き出す馬券術

～新時代に新発想、勝率８０％を超える馬券術～

　実際に勝てる馬券術パート１に引き続き、パート２でも３連複の馬券術をより簡単にマスターできる方法を紹介していきたいと思います。

　先に紹介した３連複１５点買いの馬券術ですが、馬券はオッズを見て買うだけなので超簡単でした。しかし**最初に、１番人気の馬と騎手をチェックしたり、１番人気馬が好走しやすいコースを選び馬券を買う勝負レースを決めたりと多少の作業**はありました（慣れたら簡単な作業ですが）。

　実は、パート２で紹介する３連複の馬券術は**その単純な作業すら必要ありません**。もちろん、血統も調教タイムも前走内容もパドックも何も見る必要はありません。ただオッズの数字を眺めるだけでいいです。極端な話、出馬表すら見なくても馬券は当たります。

　それで勝率８０％とは信じられませんよね？　しかし勝率８０％は事実です。

　ここでよく勘違いする人がいるのですが、的中率８０％ではありません。**勝率が８０％**ということですのでお間違えのないように。勝ちということは回収率が１００％を超えていることであり、１日を終えた時点で開始時よりもお金が増えているということです。もしも競馬を１０日間したとしれば、８日は勝って終わるという計算です。それが複勝や単勝の馬券ではなく、３連複で可能になるのです。

　競馬で勝率が８０％というのは本当に凄い数字です。しかも、この馬券術では勝率８０％に留まらず、１つの開催で勝率９０％や１００％を達成したこともあります。実際にそんなことが可能なのか、不思議に思うかもしれませんが勝率８０％は紛れもない事実です。馬券が当たらない、競馬で勝てない、そんな人は山ほどいます。しかし、少しだけ観点を変えてみれば馬券は当たるようになり、競馬で勝てるようにもなるのです。その違いは何かと言われると、一言で言

えば「情報」ということになります。情報と言っても、厩舎の情報や穴馬の激走情報ではなく、馬券を当てて競馬に勝つための情報です。超シンプルな手法ですが、馬券が当たることは間違いありません。

　この手法は難しいことは何も無いので、今週からでもすぐに使うことが出来てしまいます。ちなみに、この方法は先に書いたように、オッズを眺めるだけですので競馬を全く知らない初心者でもすぐに取り組むことが可能です。

馬券の買い方

　第1Rからオッズを見て3連複の馬券を買っていきます。

　購入するのは3連複の2番人気～6番人気までの5点です。

オッズは3連複の人気です。単勝人気ではありません。見るべきところは3連複のオッズのみになります。他は一切見なくても大丈夫です。オッズは発走の5分前のものを使用します。必ず5分前ではなく、2分前、3分前でも構いません。基本は発走の5分前とします。

※注意

　この馬券術は1Rからの参加が絶対条件になります。途中からの参加も可能ですが、その場合は勝率80％にはならないということを覚えておきましょう。

◆購入の原則

　馬券は下の表に基づき**マーチンゲール法**（追い上げ）で購入していきます。

1R	1P
2R	1P
3R	2P
4R	2P
5R	4P
6R	4P

7R	8P
8R	8P
9R	16P
10R	16P

※1Pが100円スタートの場合は
2Pは200円、4Pは400円です。

　投資金ですが、5点買いなので5Pスタートです。1P100円で始めた場合は500円スタートとなります。

　勝ち逃げが原則となります。**プラスになったら必ず終了**します。

　当たったけど利益少ないからもう少しというのはNGです。大損する危険があります。

　前半戦で全く当たらない場合もありますが、撤退のタイミングは大事です。必ず前もって決めておきましょう。どれだけ深追いしても10Rが止め時になります。

勝率80％以上が期待できる競馬場

京都競馬場　オススメ1位

小倉競馬場　オススメ2位

札幌競馬場

福島競馬場

※上記以外の競馬場でも使えないことはありませんが勝率は下がります。

　それでは実際の購入例で見ていきます。

2019年8月31日　札幌競馬場

1R　サラ2歳未勝利　芝2000m

　出馬表も単勝オッズも見ないで、人気順に並べた3連複のオッズだけを見ます。

人気	馬番	オッズ
1	2-3-9	4.6
2	2-5-9	7.6
3	2-9-15	10.9

4	2-9-13	13.4
5	2-4-9	16.0
6	3-5-9	20.8
7	3-9-15	27.8
8	2-3-5	31.3
9	2-9-14	32.1
10	5-9-15	38.9

３連複オッズでの２番人気～６番人気は

2-5-9	7.6
2-9-15	10.9
2-9-13	13.4
2-4-9	16.0
3-5-9	20.8

ですので、この５点を買います。

ここでは分かりやすいように１点100円で買います。

５点買いなので投資金は500円です。

結果

1着	2 ミヤマザクラ
2着	14 ナスノフォルテ
3着	9 メリディアンローグ

３連複２－９－１４（９番人気）　ハズレ

３連複オッズですと、９番人気が馬券になっています。

２－９－１３と２－９－１５の馬券を買っているので、一見惜しいようにも見えますが、ハズレはハズレですので、惜しいとか悔しいといった感情は無視して次に進みます。ちなみにレースは１着が２番人気ミヤマザクラ、２着が９番人気ナスノフォルテ、３着が１番人気メリディアンローグでした。３着に敗れたメリディアンローグはＣルメール騎乗で単勝が1.9倍でした。馬券が外れてマイナス500円です。

2 R　サラ系2歳未勝利　ダート1700m

このレースも同様に人気順に並べた3連複のオッズだけを5分前に見ます。

人気	馬番	オッズ
1	2－6－7	9.9
2	2－5－6	12.2
3	2－6－14	15.2
4	1－2－6	16.2
5	2－5－7	18.3
6	1－2－5	19.1
7	2－5－14	21.2
8	2－7－14	22.0
9	1－2－7	23.5
10	2－4－6	24.6

ここでは3連複オッズでの2番人気〜6番人気は

2－5－6	12.2
2－6－14	15.2
1－2－6	16.2
2－5－7	18.3
1－2－5	19.1

ですので、この5点を買います。

購入の原則により2Rも1Pなので1点100円になります。

よってここも投資金は500円です。

結果

1着	12 デルマオニキス
2着	7 クレパト
3着	2 バカラ

3連複2－7－12（19番人気）ハズレ

このレースも馬券はハズレました。これまでに使った資金は1,000円です。

このレースを勝ったのは9番人気デルマオニキスでした。単勝39.9倍の馬ですので、なかなか買いづらい馬なことは確かです。2

着に３番人気クレパト、３着に１番人気バカラが入りました。３着に
敗れたバカラですが、ここもＣルメール騎乗で単勝は1.3倍と断ト
ツの支持を集めていました。そんな１番人気が負けたので、払戻金は
馬連が16,930円、３連単は117,380円と荒れた結果になりました。
ここでも馬券を外し、トータルマイナス1,000円です。連続で外した
からといって落ち込んでいる時間はありません。またここで終わっ
てしまってもいけません。勝負は必ず勝つと信じて次に向かいます。

３Ｒ　サラ系３歳未勝利　ダート1000m

これまでと同様に人気順に並べた３連複のオッズだけを見ます。

人気	馬番	オッズ
1	9−11−12	7.4
2	4−9−12	11.7
3	4−11−12	17.9
4	7−9−12	18.0
5	7−11−12	22.3
6	4−9−11	23.2
7	6−9−11	25.4
8	5−9−12	30.0
9	7−9−11	31.0
10	6−11−12	33.9

ここでは３連複オッズでの２番人気～６番人気は

4−9−12	11.7
4−11−12	17.9
7−9−12	18.0
7−11−12	22.3
4−9−11	23.2

ですので、この５点を買います。

購入の原則により３Ｒは２Ｐなので１点200円になります。

５点買いのためこのレースの投資金は1,000円です。

結果

1着	12 ファロ
2着	11 テイエムダイリン
3着	4 グランデオーロラ

3連複４－１１－１２（３番人気）1,790円　的中

　馬券は的中しました。このレースは１点200円を買っていましたので、1,000円の投資金に対して、3,580円の回収となりました。

　レースは２番人気のファロが勝ち、２着が４番人気テイエムダイリン、３着に３番人気グランデオーロラが入りました。１番人気のビービーアライヴは６着に敗れました。

　ここまで１R、２Rがハズレで、３Rが的中でした。

　分かりやすく表にしてみます。

レース	投資金	1点分	オッズ	回収金	結果
1R	500	100		0	ハズレ
2R	500	100		0	ハズレ
3R	1,000	200	17.9	3,580	的中!
合計	2,000 円			3,580 円	

　この日に使った投資金は2,000円。

　これに対して払戻しが3,580円なので利益は1,580円となります。馬券の回収率は179%。もちろんこれで終了です。

　ここでは分かりやすいように１点100円で始めていますが、資金に余裕のある場合には１点1,000円からでも１万円からでもスタートは可能です。しかし必ず前半で当たるとは限りませんので、資金管理にはご注意ください。

　また、３連複５点買いの馬券術を「３連単でも同様に使えますか？」という質問をいただくことがあります。それに対しての回答ですが《**３連単では使えません**》。

　３連単の５点買いで馬券が当たり、勝率８０％以上を達成できるのでしたら一瞬で大金持ちになってしまいます。そんな夢のような話はありません。

　もしも３連複と同様にオッズを用いて３連単で馬券を的中させようとした場合には、買い目に３０点は欲しいところです。またオッズで買うので追い上げは必須になります。

　もしも１点100円スタートの場合、１Ｒでの投資金は3000円になります。そこで当たれば良いですが、追い上げでもハズレ続けて仮に１０Ｒまで当たらなかった場合は１８万６千円を使うことになります。それでも勝率８０％は難しいと思いますので、３連単での応用は現実的ではないということになります。

　それでは、３連複５点買いでの次の例を見ていきます。

2019年1月20日（日）　京都競馬場
１Ｒ　サラ系３歳未勝利　ダート1200m

　出馬表も単勝オッズも見ないで、人気順に並べた３連複のオッズだけを見ます。

　オッズはレース発走の５分前に見るようにします。

人気	馬番	オッズ
1	1−4−7	10.2
2	1−4−9	16.1
3	4−7−9	16.8
4	1−7−9	20.6
5	1−7−11	25.5
6	4−7−11	26.3
7	1−2−7	26.8
8	1−2−4	28.1
9	1−4−11	32.1
10	2−4−7	32.2

　ここで３連複オッズの２番人気〜６番人気は

1−4−9	16.1
4−7−9	16.8
1−7−9	20.6
1−7−11	25.5
4−7−11	26.3

ですので、この５点を買います。

購入の原則により２Ｒも１Ｐなので１点100円になります。

投資金は500円です。

結果

1着	7 アスカノダイチ
2着	3 メイショウロサン
3着	13 スナークスター

3連複3－7－13（148番人気）　ハズレ

馬券はハズレました。当たらない場合はすぐに次へ向かいます。

　レースは1着が2番人気アスカノダイチ、2着に8番人気メイショウロサン、3着に9番人気スナークスターが入りました。1番人気のサンマルベストは11着に敗れており、1Rから3連単30万を越える大波乱となりました。狙っても簡単に獲れる馬券ではありませんね。今回のようにかすりもしない場合の方が諦めもつくと思います。馬券は外れましたのでマイナス500円です。

2R　サラ系3歳未勝利　ダート1800m

ここでも発走の5分前にオッズを確認します。

　人気順に並べた3連複のオッズは以下のようになっています。

人気	馬番	オッズ
1	2－3－9	12.6
2	3－6－9	14.3
3	2－3－6	16.7
4	3－8－9	26.7
5	2－3－13	26.9
6	2－3－8	27.3
7	2－3－4	29.2
8	3－9－13	30.7
9	3－4－9	30.9
10	2－6－9	33.1

このレースでの3連複オッズの2番人気〜6番人気は

3－6－9	14.3
2－3－6	16.7
3－8－9	26.7
2－3－13	26.9
2－3－8	27.3

ですので、この5点を買います。

購入の原則により２Ｒも１Ｐなので１点100円での購入となります。投資金は500円です。

結果

1着	4 メイショウオオタカ
2着	9 モンオール
3着	3 ヒッチコック

３連複３－４－９（９番人気）ハズレ

３－４－９は３連複の人気で９番人気でのオッズでした。

レースは１着が５番人気メイショウオオタカ、２着に１番人気モンオール、３着に２番人気ヒッチコックが入りました。１番人気、２番人気、５番人気の組み合わせでしたが、３連複では９番人気になっていました。ちなみに、３連複の６番人気から１０番人気まではオッズも混戦でしたので、買う時間帯によってはもしかしたら獲れていたかもしれません。しかしハズレはハズレ、負けは負けですので次に向かいます。

今回に限らず、連続で馬券を外していくと「次もまた外れるんじゃなか」とか、「今日は負けなんじゃないか」とかと、ネガティブな感情になることもあります。しかし、負の感情に負けて途中で止めたりしてはいけません。絶対に勝つことを信じて原則通りに馬券を買っていきましょう。ここまでトータル1,000円のマイナスです。

３Ｒ　サラ系３歳未勝利　ダート1400m

発走の５分前にオッズを確認します。

人気順に並べた３連複のオッズは以下のようになっています。

人気	馬番	オッズ
1	1－3－13	26.9
2	1－3－10	29.8
3	1－10－13	30.8

4	1−3−5	35.6
5	1−5−10	37.5
6	1−5−13	38.9
7	1−5−6	44.2
8	1−6−10	45.1
9	1−3−6	46.8
10	1−6−13	51.8

３連複オッズの２番人気〜６番人気は

1−3−10	29.8
1−10−13	30.8
1−3−5	35.6
1−5−10	37.5
1−5−13	38.9

ですので、この５点を買います。

購入の原則により３Ｒは２Ｐなので１点200円で購入します。

投資金は1000円です。

結果

1着	10 タイガーアチーヴ
2着	1 メイショウカササギ
3着	5 ニホンピロコレール

３連複１−５−１０（５番人気）　３，７５０円　的中

このレースは１点200円を買っていましたので、1,000円の投資金に対して、7,500円の回収となりました。

このレースでの利益は6,500円になります。レースは２番人気タイガーアチーヴが勝利、２着に１番人気メイショウカササギ、３着に５番人気ニホンピロコレールが入りました。２Ｒに続き３Ｒも１番人気、２番人気、５番人気での決着でしたが、こちらは３連複オッズでは５番人気となっていました。１Ｒ、２Ｒと馬券は外れましたが、３レース目で馬券が当たりました。予想らしいことは何もしていません。５分前にオッズを確認して馬券を買っただけですが、３連複５点買いで3750円の配当を当てることができました。

1日の収支を表で見てみます。

レース	投資金	1点	オッズ	回収金
1R	500	100		0
2R	500	100		0
3R	1,000	200	37.5	7,500
合計	2,000			7,500

この日に使った投資金は2000円。

これに対して払戻しが7500円なので利益は5500円となります。馬券の回収率は375%。もちろんこれで終了です。

ここまでは前半で当たった場合のみを紹介してきました。しかし、毎週競馬をしていれば、すぐに勝てる日あれば、なかなか勝てない日もあります。もちろん勝率１００％では無いので負ける日もあります。今回は、なかなか勝てなかった例を見ていきます。

2019年4月29日（月）　京都競馬場

この日は１Rから１２番人気の単勝万馬券シゲルネコメイシが勝ち、３連単２９３万馬券が飛び出しました。波乱を予感させる１日のスタートです。

原則に従い１Rから順番に馬券を買っていきますが、なかなか当たらず。４Rでは３連複の６番人気オッズと７番人気のオッズが競り合っていましたが、５分前のオッズを選び購入。するとギリギリにオッズが逆転しており、結果７番人気のオッズが的中していました。同様に８Rでも７番人気のオッズで決まっていました。毎週競馬をしていれば、時にはこういうこともあります。そんな時に、誰かのせいにしたりしては駄目です。また、馬券術を疑っても駄目です。自分が信じて一度やると決めたことは最後までやり抜きましょう。

１〜８Rまで馬券は全く当たりませんでした。ここが撤退するかどうかの瀬戸際でしたが、９Rは８頭立てと頭数も少ないので参戦を決意。結果当たりましたが、配当は４倍でしたので獲って損になりました。これで流れが変わったことを確信して、１０Rへと臨むことにしました。勝っても負けてもこのレースを最後にすると決めて

の参戦です。

１０Ｒ　烏丸ステークス　芝２４００m

発走の５分前にオッズを確認します。

３連複オッズを人気順に並べるとこのようになります。

人気	馬番	オッズ
1	1−5−6	13.8
2	1−5−12	14.4
3	1−3−5	16.9
4	1−5−10	26.0
5	3−5−6	26.9
6	1−3−12	28.3
7	1−3−6	29.5
8	1−6−12	30.2
9	5−6−12	31.8
10	1−4−5	32.4

購入するのは２～６番人気なので

1−5−12	14.4
1−3−5	16.9
1−5−10	26.0
3−5−6	26.9
1−3−12	28.3

この５点になります。

原則によると、このレースは１６Ｐになりますので１点1,600円
での購入となります。

５点買いですので投資金は8,000円です。

結果

1着	12 レノヴァール
2着	1 アフリカンゴールド
3着	3 タイセイトレイル

３連複１−３−１２（６番人気）　2,830円

ようやく馬券も当たり勝つことができました。

　１点1600円で買っていましたので、トータル払戻しは45,280円です。レースは３番人気レノヴァールが勝ち、２着に１番人気アフリカンゴールド、３着に５番人気タイセイトレイルが入りました。

　１R〜８Rまで馬券が全く当たらず、９Rは当たりましたがトリガミ、１０Rで連敗を止めてようやく勝利という結果でした。

　分かりやすく表にまとめてみます。

レース	投資金	1点分	オッズ	回収金	結果
1R	500	100		0	ハズレ
2R	500	100		0	ハズレ
3R	1,000	200		0	ハズレ
4R	1,000	200		0	ハズレ
5R	2,000	400		0	ハズレ
6R	2,000	400		0	ハズレ
7R	4,000	800		0	ハズレ
8R	4,000	800		0	ハズレ
9R	8,000	1,600	4	6,400	的中
10R	8,000	1,600	28.3	45,280	的中
11R					
12R					
合計	31,000円			51,680円	

　この日はなかなか当たらず、心も折れそうになりました。

　投資金も31,000円を使うことになりました。予算は各々違うと思います。追い上げというルールである以上はそれなりの資金を用意しておく必要があります。

　この日は投資金31,000円に対して払戻金51,680円なので利益は20,680円。馬券の回収率は167％となりました。苦戦しましたが終わってみれば大勝利でした。

　結果的に１０Rまで勝負して良かった形ですが、予算によっては途中で撤退もあり得ました。特によく荒れている日などは、早期撤退も頭に入れておいた方がいいです。競馬は毎週ありますし、トータルで勝つことを考えた時に、ズルズルいくのが一番悪いです。馬

券を買う勇気も必要ですが、買わない勇気も必要になります。

オッズを見ただけなのに回収率374%を実現

次の例を見ていきます。

2019年5月5日 (日) 京都競馬場

１Ｒはサラ系３歳未勝利ダート1800mのレースです。

この馬券術では一切見なくても構いませんが、出馬表と単勝、複勝のオッズはこのようになっています。

	馬名	単勝	複勝
1	メイショウミヤラビ	33.8	7.9 - 12.5
2	ナムラテンゲル	17.0	3.3 - 5.1
3	スズカミュージック	76.5	12.9 - 20.6
4	マニピュレート	89.4	19.1 - 30.6
5	ピクシーメイデン	7.2	1.6 - 2.3
6	モモコ	23.3	4.8 - 7.5
7	ハニーエンパイア	6.2	1.9 - 2.8
8	オリーブティアラ	3.5	1.3 - 1.6
9	モツ	105.6	17.7 - 28.3
10	テンノイセヒメ	183.5	28.6 - 45.8
11	ゴールドメファ	90.3	15.6 - 25.0
12	リップグロス	9.8	2.4 - 3.5
13	ピンクキャンディー	16.0	3.7 - 5.7
14	エールドール	3.7	1.6 - 2.2
15	ライブリーハピネス	16.4	3.7 - 5.8

単勝は１番人気が8番オリーブティアラで3.5倍、２番人気が14番エールドールで3.7倍と割れており、上位５頭が単勝10倍以下です。こういうレースは軸馬も決めにくく予想も難しいです。しかし、この馬券術の場合は前走内容も見ませんし、パドックも見ません。**見るのは発走５分前の３連複オッズだけです。**

３連複のオッズは以下のようになっています。

１～10番人気までのオッズです。

1	5－8－14	13.2
2	7－8－14	16.5
3	5－7－8	18.7
4	8－12－14	19.8
5	5－8－12	23.7
6	8－13－14	23.8
7	7－8－12	28.7
8	5－7－14	32.0
9	5－7－12	34.2
10	5－8－13	34.7

　ここから買うのは、2〜6番人気までの5通りですので以下になります。

2	7－8－14	16.5
3	5－7－8	18.7
4	8－12－14	19.8
5	5－8－12	23.7
6	8－13－14	23.8

　購入の原則により1Rは1Pなので1点100円で購入していきます。投資金は500円です。

結果

1着	8　オリーブティアラ
2着	7　ハニーエンパイア
3着	5　ピクシーメイデン

3連複5－7－8　1,870円（3番人気）

　勝ったのは1番人気オリーブティアラでした。2着が3番人気ハニーエンパイア、3着は4番人気ピクシーメイデンが入りました。3連複の5点買いで馬券は的中しました。

　投資金500円で払戻しが1,870円ですのでプラス1,370円です。馬券回収率は374％でした。他の要素は一切見ずに、オッズだけを見て馬券を買いました。それで3連複馬券が当たり、しかも回収率は374％です。こんなことが普通にあり得るのです。この日は1Rで勝ち越したため、勝負は終了です。勝ったからもう1回というのは無

しです。それがルールです。

　次の例を見ていきます。

2019年2月2日（土）京都競馬場

　この馬券術では３連複のオッズだけを見ればよいです。しかし、自分が買うレースですので、どのような馬が出走しているかぐらいは見ておいても良さそうです。

　1R　サラ系３歳未勝利　ダート1200m

		単勝	複勝
1	ゼロドライブ	276.6	22.8 - 57.5
2	サフランビーナス	217.7	30.0 - 76.0
3	スナークスター	6.0	1.5 - 3.0
4	ミコノホマレ	128.1	14.2 - 35.5
5	クリノショウグン	105.1	12.8 - 31.9
6	ヴィエントフレスコ	36.9	4.7 - 11.2
7	プリンシパル	5.4	1.3 - 2.6
8	クリノワンダフル	69.1	11.0 - 27.3
9	グレースアンバー	1.8	1.1 - 1.1
10	アイファーハニー	519.3	65.4 - 166.1
11	ココロコ	403.4	40.9 - 103.6
12	キコクイーン	9.6	2.3 - 5.1
13	シャクラ	320.3	24.5 - 61.9
14	メイショウロサン	6.3	1.3 - 2.4
15	ジョイナイト	26.4	3.5 - 8.2

　単勝１番人気は９グレースアンバー、２番人気は７プリンシパル、３番人気は３スナークスターです。９グレースアンバーは単勝1.8倍の支持を集めています。

　本命党の人は、９の単勝を買ったり、９から馬連で３，７，１４，１２へ流したり、３連単の１着固定で９を頭にして２着３着に数頭を選ぶ買い方をするものです。

　一方、穴党の人は単勝１番台の馬は飛ぶものと考え、バッサリ切って馬券を買って高配当を狙っていきます。どちらも競馬の楽しみ方としてはアリです。

　しかし、ここで紹介している3連複5点買いの馬券術では、単勝の1番人気がどの馬で、オッズが何倍かなどは全く気にする必要はありません。見るべきポイントは、3連複のオッズだけだからです。

　10分前に確認した3連複のオッズを10番人気まで見てみると以下のようになります。

1	3－9－14	7.1
2	7－9－14	8.8
3	3－7－9	10.3
4	9－12－14	13.1
5	3－9－12	14.9
6	7－9－12	17.3
7	9－14－15	25.8
8	3－7－14	26.9
9	3－9－15	31.6
10	3－12－14	35.1

　ここで購入するのは2～6番人気までの5通りになります。

2	7－9－14	8.8
3	3－7－9	10.3
4	9－12－14	13.1
5	3－9－12	14.9
6	7－9－12	17.3

　結果的に1番人気の9は全ての買い目に入っています。

　原則により、1点100円で馬券を購入します。5点買いなので計500円です。

結果

1着	3 スナークスター
2着	12 キコクイーン
3着	9 グレースアンバー

　3連複3－9－12（5番人気）1,490円

　馬券は的中しました。

　投資金500円で払戻しが1,490円ですので、利益は990円。馬券

回収率は298％です。

　この日もあっさり１Rで勝ってしまいましたが、もちろんここで終了です。勝ち逃げです。ここでは１点100円でスタートしているため、儲けも少なく見えますが、回収率は298％です。これがどれだけ凄いかというと、もしも１点1,000円で始めていれば5,000円が14,900円になり9,900円のプラスでした。

　さらに資金に余裕のある人が１点１万円でスタートしていれば、５万円が14万９千円となり利益は９万９千円になったわけです。こんな簡単な方法で？と思いがちですが、実際に結果を出していますので、競馬で勝ちたい場合には取り入れてみたら良いでしょう。その場合、最初は少額から始めてくださいね。

　続いての例を見ていきます。

2019年11月2日（土）京都競馬場

　ここまで見ていただき、馬券術もある程度はご理解いただけたと思います。あなたがすることは、競馬新聞を見ることでもなく、記者の印を確認することでもありません。発走**「５分前に３連複のオッズを確認する」**これだけです。

１R　２歳未勝利　ダート1200m

発走の５分前に３連複の人気オッズを確認します。

1	3－5－13	20.0
2	3－5－7	21.1
3	2－3－5	24.2
4	5－7－13	26.8
5	3－5－16	33.5
6	2－5－13	38.0
7	2－5－7	40.5
8	3－4－5	48.3
9	5－13－16	50.6
10	3－7－13	52.5

　単勝人気も割れていますし、3連複の1番人気も20倍以上になっ
ていますので、予想の難しいレースだと分かります。しかし、ここで
はオッズを見るだけです。

2	3−5−7	21.1
3	2−3−5	24.2
4	5−7−13	26.8
5	3−5−16	33.5
6	2−5−13	38.0

　3連複人気も割れ加減ですが、2〜6番人気を選択し馬券を買い
ます。原則により1点100円です。

1着	3 ラブミーレディ
2着	11 レディオマジック
3着	5 ゴーゴーレイワ

　3連複3−5−11（20番人気）7,940円　ハズレ

　2着に10番人気の馬が来てしまい馬券は外れました。

　次のレースに向かいます。

2R　2歳未勝利　ダート1800m

同じように発走5分前に3連複の人気オッズを確認します。

1	6−8−12	11.0
2	6−11−12	16.7
3	6−9−12	16.8
4	8−11−12	17.8
5	5−8−12	18.0
6	5−6−12	19.1
7	8−9−12	20.0
8	5−9−12	28.4
9	5−11−12	28.5
10	9−11−12	31.4

そこから2〜6番人気の買い目を選択します。

2	6−11−12	16.7
3	6−9−12	16.8
4	8−11−12	17.8

5	5－8－12	18.0
6	5－6－12	19.1

ここも馬券購入の原則により1点100円です。

結果

1着	8 マリオマッハー
2着	5 シャーベットフィズ
3着	6 クレバーバローズ

3連複5－6－8(12番人気)4,110円　ハズレ

1番人気の馬が11着に敗れたため、小波乱になりました。馬券も外れたため次にレースに向かいます。

3 R　2歳未勝利　芝1200m

これまでと同様、発走5分前に3連複の人気オッズだけをチェックします。本当に毎回5分前に3連複のオッズを見るだけです。他は何もしません。

1	8－9－10	12.1
2	8－10－12	15.6
3	9－10－12	20.1
4	8－10－14	21.0
5	3－8－10	22.5
6	3－10－12	23.1
7	10－12－14	23.1
8	9－10－14	24.4
9	3－9－10	25.6
10	5－8－10	31.1

2～6番人気は以下の組み合わせになりました。

2	8－10－12	15.6
3	9－10－12	20.1
4	8－10－14	21.0
5	3－8－10	22.5
6	3－10－12	23.1

3 Rは購入の原則により1点200円で購入します。

200円×5＝1,000円です。

結果

1着	14 シゲルキンセイ
2着	9 マリスドランジュ
3着	10 スマートアペックス

３連複９－１０－１４（８番人気）2,440円　**ハズレ**

またしても馬券は外れてしまいました。９－１０－１４の組み合わせなので買えなくも無さそうですが、結果はハズレですので次に向かいます。ここまでマイナス2,000円。

４R　２歳未勝利　芝1800m

ここまで３レース連続で外しましたが、３連複のわずか５点買いなので、こういうこともあります。トータルで勝てば良いので、勝率８０％を信じて次のレースを見ていきます。やることは５分前に３連複の人気オッズを確認するだけです。ここでは8－10－12の組み合わせがよく売れていることが分かります。

1	8－10－12	3.6
2	3－10－12	17.7
3	1－10－12	18.4
4	3－8－10	20.4
5	1－8－10	21.6
6	4－10－12	25.8
7	5－8－10	28.7
8	5－10－12	29.5
9	10－11－12	30.3
10	8－10－11	30.8

実際に購入するのは２～６番人気ですので、以下の５通りです。

2	3－10－12	17.7
3	1－10－12	18.4
4	3－8－10	20.4
5	1－8－10	21.6
6	4－10－12	25.8

ここも1点200円での購入です。

結果

1着	10 キングサーガ
2着	8レッドラトゥール
3着	1チェスナットドレス

3連複1-8-10(5番人気)2,160円　**的中!**

　1着に1番人気キングサーガ、2着に3番人気レッドラトゥール、3着に6番人気チェスナットドレスが入りました。ここは比較的獲りやすい馬券ですが、単勝は170円、馬連は370円しかついていません。しかし、3連複では2,160円がつきました。何も考えずにオッズを見て買っただけで馬券的中です。

　このレースは1点200円で馬券を買っていましたので、払戻しは4,320円です。この日は1～3Rまでは外れ、4Rで21.6倍を的中させることができました。

　分かりやすく表で見てみます。

レース	投資金	1点分	オッズ	回収金	結果
1R	500	100		0	ハズレ
2R	500	100		0	ハズレ
3R	1,000	200		0	ハズレ
4R	1,000	200	21.6	4,320	的中
合計	3,000円			4,320円	

　投資金は計3000円に対し、払戻しが4,320円でしたのでプラス1,320円です。

　馬券回収率は144%でした。この日も見事勝ち越しです。少額でも勝ち越したら終了です。あくまでも勝ち逃げが原則となります。

　小倉競馬場も相性の良い競馬場です。

　やり方は一緒ですので、ここでは結果だけを書いていきます。

2019年8月11日(日)小倉競馬場

　1R　3連複1,540円（5番人気）⇒当たり

この日は1Rから馬券が当たりました。

投資金500円で払戻しが1,540円ですのでプラス1,040円です。

馬券回収率は308％でした。勝ったので終了です。

2019年8月18日（日）小倉競馬場

1R	3連複 4,060 円（14 番人気）	⇒ハズレ
2R	3連複　920 円（4番人気）	⇒当たり 100 円× 9.2 ＝ 920 円

　馬券は当たりましたが、ここまで1000円を投資しているため920円ではマイナスです。引き続き勝負していきます。

3R	3連複　3,950 円（13 番人気）	⇒ハズレ
4R	3連複 14,480 円（46 番人気）	⇒ハズレ
5R	3連複　1,200 円（2番人気）	⇒当たり 400 円× 12 ＝ 4800 円

　ここまで、投資金は5,000円、回収は2Rの920円と5Rの4,800円を合わせて5,720円。720円のプラスになりました。馬券回収率は114％です。プラスになったので終了です。

2019年8月24日（土）小倉競馬場

　1R　3連複　1,730円（6番人気）⇒当たり

この日も1Rから馬券が当たりました。

投資金500円で払戻しが1,730円ですのでプラス1230円です。

馬券回収率は346％でした。もちろん勝ち逃げです。

2019年8月31日（土）小倉競馬場

1R	3連複　8,670 円（31 番人気）	⇒ハズレ
2R	3連複　3,290 円（11 番人気）	⇒ハズレ
3R	3連複　8,370 円（26 番人気）	⇒ハズレ
4R	3連複　810 円（1番人気）	⇒ハズレ
5R	3連複 19,640 円（51 番人気）	⇒ハズレ
6R	3連複 12,630 円（44 番人気）	⇒ハズレ
7R	3連複　3,960 円（6番人気）	⇒当たり 800 円× 39.6 ＝ 31,680 円

この日は１～６Ｒまで当たりませんでしたが、７Ｒでようやく馬券が的中。ここまで投資金11,000円、払戻しが31,680円なので20,680円のプラスです。馬券回収率は288％でした。小倉競馬では雨で道悪になった場合以外は、非常に高い勝率を保つことができています。そもそも重～不良のなった場合には馬券は買わないのですが、ここでは全ての馬場で馬券を買ったと仮定して、その勝率の高さをみてもらいます。

　この馬券術を使った場合に、どのくらいの勝率を出しているのかを競馬場での勝率と回収率が馬券購入の目安になると思います。

2019年の小倉開催での結果です。

2月9日	58%	負け
2月10日	220%	勝ち
2月16日	147%	勝ち
2月17日	108%	勝ち
2月23日	64%	負け
2月24日	546%	勝ち
3月2日	176%	勝ち
3月3日	160%	勝ち

第１回　小倉開催　６勝２敗　勝率７５％

7月27日	66%	負け
7月28日	362%	勝ち
8月3日	183%	勝ち
8月4日	111%	勝ち
8月10日	0%	負け
8月11日	308%	勝ち
8月17日	123%	勝ち
8月18日	114%	勝ち
8月24日	346%	勝ち
8月25日	53%	負け
8月31日	280%	勝ち
9月1日	189%	勝ち

第２回　小倉開催　９勝３敗　勝率７５％

　小倉競馬では、第1回、第2回ともに勝率75％でした。80％には届きませんでしたが十分すぎる結果です。加えて、回収率300％以上の日が4回もありますので非常に優秀な成績と言えます。ちなみに、2017年、2018年の小倉開催では勝率80％を超えています。

2019年の福島開催での結果です。

4月6日	66%	負け
4月7日	110%	勝ち
4月13日	133%	勝ち
4月14日	201%	勝ち
4月20日	156%	勝ち
4月21日	252%	勝ち

第1回　福島開催　5勝1敗　勝率83％

6月29日	116%	勝ち
6月30日	370%	勝ち
7月6日	140%	勝ち
7月7日	108%	勝ち
7月13日	315%	勝ち
7月14日	250%	勝ち
7月21日	105%	勝ち
7月22日	0%	負け

第2回　福島開催　7勝1敗　勝率87％

　2019年の福島は第1回、第2回開催ともに勝率80％を超えました。予想の難しいと言われる福島競馬でこの成績は非常に優秀な成績だと言えます。ちなみにこの成績は2019年に限ったものではなく、2018年も2017年も勝率80％は超えていますので、福島は馬券術との相性が良い競馬場の一つになっています。

続いて2019年の札幌開催での結果と回収率です。

7月27日	322%	勝ち
7月28日	113%	勝ち
8月3日	207%	勝ち
8月4日	246%	勝ち
8月10日	240%	勝ち
8月11日	194%	勝ち

第1回　札幌開催　6勝0敗　勝率100％

8月17日	0%	負け
8月18日	152%	勝ち
8月24日	162%	勝ち
8月25日	176%	勝ち
8月31日	179%	勝ち
9月1日	224%	勝ち

第2回　札幌開催　5勝1敗　勝率83％

　2019年の札幌開催では、開催全12日の中で負けたのがわずか1日だけでした。

　回収率も平均184％と高く、非常に良い成績と言えます。

　以上のように、小倉や福島、札幌開催も高い勝率と回収率をあげている3連複5点買いの馬券術ですが、やはり1番のお勧めは京都です。この馬券術を本格的に導入したのが2018年なのですが、京都では非常に高い勝率を記録しています。2018～2019年の結果を参考にしてみて下さい。

2018年京都開催の結果と回収率

1月6日	回収率　151%	勝ち
1月7日	回収率　248%	勝ち
1月8日	回収率　354%	勝ち
1月13日	回収率　71%	負け
1月14日	回収率　228%	勝ち
1月20日	回収率　460%	勝ち
1月21日	回収率　143%	勝ち

第1回　京都　6勝1敗　勝率86％

1月27日	回収率　170%	勝ち
1月28日	回収率　304%	勝ち
2月3日	回収率　400%	勝ち
2月4日	回収率　133%	勝ち
2月10日	回収率　166%	勝ち
2月11日	回収率　102%	勝ち
2月17日	回収率　164%	勝ち
2月18日	回収率　132%	勝ち

第2回　京都　8勝0敗　勝率100％

4月21日	回収率　202%	勝ち
4月22日	回収率　152%	勝ち
4月28日	回収率　296%	勝ち
4月29日	回収率　200%	勝ち
5月5日	回収率　398%	勝ち
5月6日	回収率　134%	勝ち
5月12日	回収率　332%	勝ち
5月13日	回収率　168%	勝ち
5月19日	回収率　632%	勝ち
5月20日	回収率　157%	勝ち
5月26日	回収率　218%	勝ち
5月27日	回収率　246%	勝ち

第3回　京都　12勝0敗　勝率100％

10月6日	回収率　144%	勝ち
10月7日	回収率　124%	勝ち
10月8日	回収率　186%	勝ち
10月13日	回収率　132%	勝ち
10月14日	回収率　266%	勝ち
10月20日	回収率　　77%	負け
10月21日	回収率　288%	勝ち
10月27日	回収率　237%	勝ち
10月28日	回収率　185%	勝ち

第4回　京都　8勝1敗　勝率89％

11月3日	回収率 169%	勝ち
11月4日	回収率 0%	負け
11月10日	回収率 150%	勝ち
11月11日	回収率 116%	勝ち
11月17日	回収率 158%	勝ち
11月18日	回収率 189%	勝ち
11月24日	回収率 146%	勝ち
11月25日	回収率 143%	勝ち

第5回 京都 7勝1敗 勝率88％

2018年の京都開催では、年間を通じて負けた日がわずか3日だけでした。

年間で勝率は驚異の93％、平均回収率は205％でした。

続いて

2019年の京都開催での結果と回収率です。

1月5日	145%	勝ち
1月6日	149%	勝ち
1月12日	161%	勝ち
1月13日	131%	勝ち
1月14日	320%	勝ち
1月19日	140%	勝ち
1月20日	375%	勝ち

第1回京都開催 7勝0敗 勝率100％

1月26日	89%	負け
1月27日	244%	勝ち
2月2日	298%	勝ち
2月3日	165%	勝ち
2月9日	103%	勝ち
2月10日	129%	勝ち
2月16日	250%	勝ち
2月17日	156%	勝ち

第2回京都開催 7勝1敗 勝率88％

4月20日	137%	勝ち
4月21日	152%	勝ち
4月28日	165%	勝ち
4月29日	166%	勝ち
5月4日	69%	負け
5月5日	374%	勝ち
5月11日	217%	勝ち
5月12日	40%	負け
5月18日	183%	勝ち
5月19日	78%	負け
5月25日	176%	勝ち
5月26日	0%	負け

第3回　京都開催　8勝4敗　勝率67%

10月5日	230%	勝ち
10月6日	53%	負け
10月12日	76%	負け
10月13日	324%	勝ち
10月14日	156%	勝ち
10月19日	213%	勝ち
10月20日	177%	勝ち
10月26日	121%	勝ち
10月27日	157%	勝ち

第4回　京都開催　7勝2敗　勝率78%

11月2日	144%	勝ち
11月3日	108%	勝ち

第5回　京都開催　2勝0敗　勝率100%（11月4日現在）

　2019年の京都開催ですが、1月〜2月は1度しか負けておらず勝率は93%でした。唯一の負けた日でも回収率89%でしたので素晴らしい結果と言えます。

　その勢いは開催が変わっても続き4月も全勝でしたが、5月に入り負ける日が増えていきました。競馬なので波があるのは仕方がありません。1月2月に勝ちまくった反動が、5月に出てしまったよう

147

です。それでも第3回京都開催では勝率67％をキープしています。ちなみに全く当たらず完全に負けたのは1日だけですので、平均の回収率は160％を超えています。

10月以降も快進撃は続き、負けたのは重馬場の日を含むわずか2度だけでした。

2019年のトータルでは、11月3日までの成績で、31勝7敗、勝率81.5％です。

いかがでしょうか。

JRAのレース結果などを見返して結果を見てもらうと真実味が伝わるはずです。本当にオッズを見るだけで勝率が80％以上なのです。

ここまで勝てると天狗になってしまいそうですね。過去に競馬で何100万円も負けてきた人が、この方法に出会い、少しずつ負けを取り返しているという話は沢山聞いています。全くの競馬初心者でも勝てると喜ばれたことも多くあります。

さらに、この馬券術を教えてあげたフォロワーさんには「あまりにも簡単に勝てすぎるからつまらない」と言われてしまったこともあるぐらいです。

私はこれまで100以上の予想法や馬券術を試してきました。あらゆる内容を試した結果、ここまで高い勝率と回収率を記録した馬券術は他にありませんでした。やることは超シンプルなのですが、それでも勝率80％超えを当たり前のように実現できています。例を見てもらって分かったと思いますが、3連複5点買い馬券術の完成度は非常に高いと言えます。

似たような追い上げ系の馬券術は多く存在しています。投資競馬と呼ばれるようなものです。そんな中でも有名なのが**「金丸法」**です。

金丸法とは、昭和40年代後半に一世を風靡した複勝コロガシの馬券術で、その名の通り金丸さんという方が考案されたそうです。金丸さんの馬券は世間でもよく当たるということで有名となり、当

時彼はテレビにレギュラー出演するほどになっていました。

金丸法のやり方としては、まず資金を１３分割し、数列「１：３：９」の割合で資金配分します。馬券は荒れる要素の少ないグレードレースの本命馬の「複勝」を買っていきます。最初のレースは１単位を賭け、不的中なら次はその３倍、またハズレならその３倍を賭けます。もしも的中した場合には、配当を元資金に加え、増えた資金を再び１３分割して、また最初の単位に戻って投資するという方法です。

例えば、予算が１３，０００円だと仮定すると、「１：３：９」の割合で配分するので「１，０００円、３，０００円、９，０００円」と資金配分できます。

この投資金で馬券を買っていくのですが、もしも１レース目はハズレ、２レース目もハズレ、３レース目で２倍の馬券を的中したとすると、的中後の手持ち資金は１８，０００円になります。さらに、この１８，０００円を再び１３等分し、「１：３：９」の割合で配分します。今度は「１，４００円、４，２００円、１２，４００円」と分配されますので、この投資金で再び勝負していくという内容です。

理論上では３回に１回、本命馬の複勝を的中させれば良いので簡単そうに思えます。順調に転がし続ければ、資金が１０倍に膨れ上がるという触れ込みのようです。しかし、金丸法では堅い重賞レースで本命馬の「複勝馬券」を買うという前提があります。複勝なのでよく当たることは間違いありませんが、人気馬を買いますので、オッズが1.5倍未満になることも多くあります。そうなると「１：３：９」では回収不可能になってしまいます。もしかしたら当時は今よりも「複勝」のオッズが高く、「金丸法」で勝ち組が出ていたのかもしれません。しかし現在は「複勝」を買う人が増えているため人気馬のオッズは安くなってしまっています。金丸法は非常に良く考えられた馬券術でしたが、なかなか理論の通りに勝つことは難しくなっているようです。

他にも追い上げで「複勝」を購入していく馬券術はありますが、配当の安さもありトータルでプラスにしていくことは余程のことが無

いと難しいと思います。

　それから有名な馬券術には**「複勝転がし」**があります。競馬をしている人なら名前ぐらいは聞いたことがあることでしょう。複勝は3着までに入る馬を1頭当てれば良いので、比較的当たりやすいです。転がしという買い方は『的中した馬券の配当金をすべて（または一部を）次の馬券の購入資金にし、的中したらまたその配当金をそのまま全て次の馬券の購入資金に』というように、転がすように繰り返していく買い方になります。競馬ファンのブログを見ていると成功事例もたまに見かけますが、なかなか思うようにいかないのが現実です。2〜3回ならば転がすこともできそうですが、1度外してしまうと投資金はゼロになるので、また1からスタートすることになります。私も挑戦したことがありますが、勝ちきることは難しかったです。

　他にも複勝や単勝を使った馬券術は数多く存在しています。その馬券術の大半は人気馬から馬券を購入しています。的中させるためには仕方のないことです。単勝であれ複勝でも馬券が当たり資金が増えればもちろん嬉しいです。しかし、そこに立ちはだかるのが配当の壁です。投資金が豊富にあり、わずかな配当でも多額の利益を生み出せるようならば良いのですが、大多数の人はそれだけ多くの軍資金は持っていないはずです。

　そう考えた時に、単勝や複勝ではなく3連複の馬券で、しかも5点買いという少ない買い目で勝率80％以上というのは、本当に凄いと言わざるを得ません。これより簡単に勝てる予想法や馬券術があれば私が教えて欲しいぐらいです。

　ギャンブルですので絶対はありません。もちろん波があります。勝てる週もあれば負ける週もあります。しかし感情に左右されることなく、原則を重視し馬券を買い進めることによって、高い勝率を維持することは可能です。この馬券術を導入し、あなたにもトップ1％を目指して試してみて欲しいと思います。

第5章
実際に勝てる馬券術パート3

予想屋マサによる３頭ボックス予想

〜予想屋マサが教える究極の３頭をボックスで買うだけ〜

ここまでパート１で「３連複１５点買いの馬券術」と、パート２で「３連複５点買いの馬券術」を見てもらいました。どちらもオッズを見るだけという超シンプルな馬券術でした。オッズを見るだけで馬券が当たりますし競馬に勝てるという夢のような方法でした。しかし、馬券を買うためにはオッズを確認しないといけません。しかも発走の５〜１０分前なので、時間の無い人にとっては結構大変だったりします。ＷＩＮＳや競馬場、もしくは家で競馬中継を見ながらでしたらオッズの確認もすぐだと思います。しかし、家族で外出中だとか車の運転中だったりした場合には、オッズを見るだけでも難しかったりします。そんな忙しい人に便利なのが３頭ボックス予想です。

現在、予想屋マサがブログやメルマガで買い目を公開している予想法です。

ブログ　：http://jravan.blog.jp/

メルマガ：https://www.mag2.com/m/0001628095.html

全出走馬の中から、最も馬券に絡む確率の高い馬を３頭抽出し、ボックスで買うという馬券術になります。予想屋マサが独自に馬の能力、血統、前走内容、調教、騎手、枠順、厩舎、展開など複数のファクターを掛け合わせ、３頭を選び出します。そして、その３頭を教えます。面倒くさい作業は全て私がしますので、あなたはその３頭をボックスで買うだけでいいです。予想は前日夜、もしくは当日の午前中に発表します。わざわざ10分前にオッズを確認する必要もなく、言われた番号を買うだけなのでまとめ買いも可能です。

この馬券術の最大の特徴は「圧倒的な買い目の少なさ」です。わずか３頭のボックス買いなので、馬連、ワイドの場合は３点買い、馬単、３連単の場合は６点買い、３連複の場合わずか１点買いになります。

予想はすべてマサがするので、あなたは言われた通りに買えば良いということになります。馬券種に関しては、個人の好き嫌いがあ

るので指定はしていません。馬連が好きな人もいれば3連単が好きな人もいるでしょう。しかしお勧めはあります。

　私の最もお勧め馬券は**馬単と3連単**です。馬単と3連単の比率を4：1で買います。長年検証してきた結果、この買い方が最も良いことが分かりました。しかし、3連単などはそう簡単には当たりません。的中率は5〜10％ですので、10回馬券を買えば9回は外れると思った方が良いです。

　そんなに負けるのは耐えられない、という場合はワイド馬券がいいです。ワイドでしたら、3点でも当たります。的中率は50〜60％です。なので、とにかく当てたい場合はワイドのボックスでいきましょう。

　3頭ボックス買いにおいて、馬連や3連複ではなく、なぜ馬単と3連単のボックスが良いのかを解説します。1番人気の馬が勝率30％、複勝率60％以上という話はしました。ということは10回中3回は1番人気馬が勝つ計算です。逆にいうと、7回は負けるということです。この7回の中には、単勝1倍台などの圧倒的1番人気も含まれていたりします。

　単勝1倍台に支持されるということは、それだけ勝つ確率も高いのですが、競馬なので絶対ではないです。そんな単勝1倍台の馬が1着に来た場合には馬連も馬単も3連単も配当が落ち着くことでしょう（相手にもよりますが）。しかし、そんな人気馬が2着3着に敗れた場合にはどうなるでしょうか。配当が一気に跳ね上がるようになっています。

　圧倒的な1番人気馬を信用し1着固定で3連単を買ったりする人も多いと思います。しかし、そんな時に限って1番人気馬が飛んだりするのです。

　記憶に新しいところでは、2019年の日本ダービーで圧倒的な支持を集めたサートゥルナーリア（単勝1.6倍）が飛びました。またNHKマイルカップでは単勝1.5倍のグランアレグリアが飛びました。

安田記念では単勝1.7倍のアーモンドアイが３着に敗れました。

　2018年の日本ダービーでも単勝2.1倍のダノンプレミアムが６着に敗れました。安田記念でも単勝2.8倍のスワーヴリチャードが３着に敗れました。

　競馬をしていれば、このようなことは幾度となくあるのです。

　そこでボックス買いの登場です。ボックス買いをしていれば、もしも有力な１頭が飛んでも他さえ当たっていれば的中になります。圧倒的な人気馬が負けてくれた方が配当も高くなるのです。

　さて、３頭ボックスでのオススメ馬券が馬単と３連単だという話をしましたが、もう少し掘り下げて書いていきます。

　もしも３頭を選んで馬連ボックスで買っていた場合に、買い目は３点買いになります。一方、馬単の３頭ボックスの場合はその２倍の６点買いとなります。この場合、買い目の少ない馬連の方が良さそうに見えますが実際はそうではありません。

　どういうことかと言うと、馬連の場合は圧倒的な人気馬が１着の場合でも２着に来た場合でも配当は一緒です。しかし、馬単の場合は１着と２着では配当が大きく変わっていくのです。

　例えば、2018年のフェブラリーステークスでは、単勝2.1倍のゴールドドリームが２着になりました。この時、馬連の配当は1,140円でした。一方、馬単の配当は3,530円でした。回収率で見ると、馬連は380％、馬単は588％です。

　また同年の有馬記念では、単勝2.2倍のレイデオロが２着になりました。この時の配当は、馬連が940円、馬単が2400円でした。回収率では馬連が313％、馬単が400％になります。馬連の回収率300％超えでも嬉しいですが、馬単の場合はそれ以上が期待できます。これが馬単ボックス買いの妙味と言えるでしょう。

　３連複と３連単の場合でも同様で、圧倒的な人気馬が負けた場合には高配当がゲットできるようになります。これは実際に３頭ボックスで的中させた馬券なのですが、2019年8月24日の小倉５Rで

は、単勝1.9倍のエグレムニが2着に敗れ、7番人気マイネルヘイトが勝ったため3連単の配当が40,160円になりました。回収率は6,690％です。一方の3連複は3,320円でしたので、回収率も3,320％になります。回収率3,000％超えの馬券が獲れたら、それは尋常じゃないぐらいに嬉しいでしょうが、3連単の場合はその2倍以上になっているのです。万馬券への期待も含めて3連単の3頭ボックス買いはオススメになります。

　さて、そもそもの話ですが、3点のボックス買いで本当に馬券が当たるのか？　という疑問があると思います。ボックス買いと言えば、芸能人がよくやっている5頭ボックスが有名です。その場合ですと3連単は60点買い買いになります。馬単ならば20点買いです。
　しかし3連単を買ったことがある人なら分かると思いますが、仮に60点を買ったとしても的中させることは難しいです。そこに予想の根拠が必要だからです。適当に1番人気から5番人気馬を買ったとしても当たる確率は低くなります。
　また1レースに60点と投資金が大きいため、不的中が続けば、心も財布もダメージが大きくなります。一方、3頭ボックスの場合は3連単でも馬単でも買い目はわずか6点です。連続ではずれたとしもダメージは少ないです。
　もしも3点のボックス買いで馬券を仕留めることができるとしたら嬉しくないですか？　買い目が少ないため、当然利益は大きくなります。見てもらったように回収率も半端なく高いです。
　もちろん、3連単の的中率は決して高くありません。せいぜい5～10％です。馬単的中率でも20～30％です。しかし、3頭ボックス買いの場合は1レース当たりの買い目が6点と少ないため、複数のレースで勝負をすることが可能です。
　仮に1日の競馬予算が1万円だとしましょう。予算の分配と馬券種は自由ですが、全て3連単で購入するとなった場合は、16レース

分を買うことができます。的中率は5～10％なので、16回買えば1度は当たるはずです。3連単なので高配当も期待できます。

　予想はすべてマサがしているので、あなたは指定された3頭をボックスで買うだけです。らくちんですね。

　私は、この予想法を8年ぐらいしていますが、開発当初に比べて現在は非常に良く当たっています。はじめの頃はムラがありました。競馬なので仕方のないことではあるのですが、当たる週は当たり、当たらない週が何週も続いていたりしたのです。そうなるとトータルでの回収率は低くなってしまいます。

　しかし予想も年々アップデートされていて精度も高くなっている印象です。負ける週もありますが、2連続で負けることは少なくなっています。しかも的中させるだけではなく、わずか6点買いで万馬券まで獲れたりもするので驚きです。

　先に書いたように、1番人気馬が敗れたりすると3連単の配当が跳ね上がる場合が多いです。それを的中させることができるのもボックス買いの妙味です。

2019年3頭ボックス予想の的中実績（一部）

2月10日京都6Ｒでは3連単17,910円的中

2月16日東京1Ｒでは3連単14,180円的中

3月9日阪神1Ｒで3連単11,540円、9Ｒでも3連単10,690円的中

3月24日中京8Ｒで3連単52,180円的中（6点買いで5万馬券！）

4月13日福島8Ｒで3連単17,790円的中

4月28日京都1Ｒで馬単20,040円、12Ｒで3連単13,820円的中

5月5日京都10Ｒで3連単21,740円的中

6月8日阪神4Ｒで3連単18,750円的中

6月15日函館7Ｒで3連単32,070円的中（6点買いで3万馬券！）

　６月23日阪神２Ｒで３連単10,900円的中
　６月29日中京８Ｒで馬単20,830円的中
　８月３日札幌８Ｒで３連単45,630円、馬単16,520円（４万馬券
＋万馬券）
　８月24日小倉５Ｒで３連単40,160円的中（またまた４万馬券）
　９月16日阪神１０Ｒでも３連単14,910円的中
　９月22日阪神８Ｒでも３連単17,480円的中
　９月28日阪神９Ｒでは馬単10,520円的中
　10月5日京都１２Ｒでも３連単12,680円的中

　この配当は別に自慢したいから紹介しているわけではありません。わずか３頭のボックス買いでも、これだけの高配当が獲れるということを教えたかっただけです。世の中には一度も万馬券を獲ったことの無い人も大勢います。しかし、予想屋マサの存在を知り、その買い目と全く同じ馬券を買うだけで、上記のように万馬券が何度も獲れてしまこともあるのです。もちろん毎週万馬券が当たるわけではありませんし、万馬券には達しない馬券も多くあります。それでも買い目はわずか３頭のボックス買いなので超少ないです。
　仮に、３点ボックス買いで３連単４万馬券が獲れた場合には、回収率は6,670％になります。これだけ高い回収率を出せる馬券術はそう多くはないと思います。
　さらに、一度４万馬券を当ててしまえば、その後は６５連敗してもプラスになる計算です。１勝６５敗でも勝ちなのです。

　先に万馬券ばかりを紹介していいまいましたが、３頭ボックス予想では万馬券以外にも安い配当も含め多くの的中をもたらしてくれています。さらにＧＩレースや重賞レースでも馬券を的中させることは可能です。それは、予想を私予想屋マサがしっかりやっているからです。適当に数字を並べただけでは３点で馬券を当てることは不可

能です。また、穴狙いばかりしていても馬券は当たらないでしょう。すべてのレースにおいて、最も馬券に絡む確率の高い馬を抽出していますので、非常に当たりやすいと言えるのです。

　すべて３頭ボックス買いなので、当たれば利益が絶大なのは分かると思います。回収率も半端ではありません。もちろん勝ったタイミングで終了すれば、その日は勝ちで終わることができます。

　３頭ボックスは３連単や馬単ばかりではなく、ワイド馬券でも使うことができます。

　的中率もワイドの場合は５０％以上と高いので、とにかく当てたい時はワイドで買うようにします。

　競馬ファンなら理解できると思いますが、日本ダービーと有馬記念は特別なレースです。ここだけは何としてでも馬券を当てたい、そんな人も多いでしょう。私もその１人で、ダービーと有馬記念だけは勝ち負け関係なく当てにいきます。

　2019年の日本ダービーでは３連単と馬単の３頭ボックスも買いましたが、それ以外に、ワイドの３頭ボックスも買いました。なんとしてでも当てたかったからです。勝ったロジャーバローズは気にはなっていましたが、さすがに３頭に選ぶことはできませんでした。なので、馬単、３連単馬券はハズレましたが、２着３着のワイド馬券は獲ることができました。

　また2018年の有馬記念も同様で何としてでも当てたいと思いました。

　長年競馬をしている人でしたら分かると思いますが、有馬記念は非常に難解なレースです。信じられないような穴馬が馬券に絡むこともあるからです。しかしそんな有馬記念でもワイドの３頭ボックスでしたら、比較的簡単に馬券を的中させることができます。2018年の有馬記念も的中でしたが、３頭ボックス予想では2016年から３連連続で有馬記念は獲ることができています。

　有馬記念やダービーなどは配当よりも当てることに満足するレースです。なおGⅠレースの予想は基本的に難しいので、欲張って3連単を狙いにいくのではなく手堅く当てにいくことも大事ですね。

　よくGⅠレースは当たらないと言っている声を聞きます。確かに平場のレースに比べるとGⅠレース予想は各段に難しいことは間違いありません。そんな難しいGⅠレースでさえも、3頭ボックス予想は良く当たっています。

2019年GⅠレース的中実績

フェブラリーS	馬単的中
桜花賞	ワイド的中
皐月賞	3連単的中
ダービー	ワイド的中
宝塚記念	馬単的中
スプリンターズS	3連単的中
菊花賞	ワイド的中
天皇賞秋	馬単的中

（2019年11月3日現在）

　今後GⅠレースを当てたい人はマサの予想を参考にすると良いでしょう。
　さらに、そんな3頭ボックス予想の応用編もあるのでご紹介します。

　3頭ボックス予想応用編1
3頭プラスαで3連複フォーメーションを買ってみる
　これはボックス買いではないのですが、馬券的中には非常に有効な方法です。
　3頭ボックス予想では、選んだ馬が1，3着や2，3着になることが多い日もあります。
　予想はマサがしていますので、選んだ馬の1頭もしくは2頭が馬

券にはよく絡むのです。

　もしも選んだ3頭のうち2頭が馬券に絡んだ場合でも、1着3着だとすれば馬連、馬単では的中なりません。ワイドで買うというのも手ですが、もう少し良い配当を狙いたい場合にオススメなのが、**頭数をプラスαしての3連複フォーメーション馬券**です。

　3頭では3連複を当てることも難しいですが、プラスαで数頭を増やすことにより馬券は圧倒的に当たりやすくなります。

　何頭増やすかはレースにもよりますが、マサが選んだ3頭に加えて、もしもご自身で5頭を選んでもらった場合は

　このようなフォーメーションを組みます（マサが選んだ馬◎〇▲）この場合ですと買い目は28点になります。

　◎〇▲―◎〇▲注―◎〇▲注△△△△

　さらに大波乱が期待できそうなレースの場合は6頭を加えて

　このようなフォーメーションを組むようにします。この場合の買い目は46点です。

　◎〇▲－◎〇▲注★―◎〇▲注★△△△△

　3連複で46点になると買い目としてはかなり多くなりますが、

　もしも46点買いで、300倍以上の馬券が獲れたとすれば凄いことですよね 。

3頭ボックス予想応用編2

　3頭のうち、1頭を切ってしまいワイド1点と馬単の裏表買い

　3頭ボックス予想は競馬新聞と同じで前日までに予想が出ています。ですので当日のオッズやパドックの気配などは考慮されていません。選んだ馬の1頭が当日馬体重マイナス20キロなんてこともあったりするのです。また輸送の疲れなどで、どう見ても馬の気配が良くない場合があったりします。

　そんな場合に、3頭の中で怪しそうな馬を1頭切ってしまい、残りの2頭で馬券を買うようにします。3頭でも少ないですが、それをさ

らに絞って２頭します。馬券はワイドと馬単の裏表がいいです。

　元々はＡ、Ｂ、Ｃの３頭だったところを、Ｃを消してＡとＢだけ買うということです。元々少ない買い目がより絞られるため当たれば回収率は上がるのでオススメです。

　以上のように、３頭ボックス予想では、マサが選んだ馬３頭をそのままボックスで買っても良いですし、応用して馬券を買うことも可能です。この馬券術の凄いことは、面倒くさい予想は全てマサがしているので、あなたはその３点を買えばいいということです。教えてもらった３点をボックスで買う、まさに宝くじのような感覚です。

　宝くじにはナンバーズ３というものがあります。ナンバーズ３とは、自分が好きな３桁の数字を書いて購入する宝くじです。競馬の３連単のように、３桁の数字をそのまま当てることをストレートと呼びます。当たれば約９万円の配当です。ちなみに当選確率は１／１０００になります。

　さらにナンバーズ３にはボックスという買い方もあります。自分で選んだ３つの数字が２４６だとしたら、これが４２６や６４２になっても当たりということです。この場合の当選確率は６／１０００になります。当選金は約１５,０００円です。これなら比較的当たりやすいかもしれませんが、それでも６／１０００だということを忘れてはいけません。

　また、セットという買い方もあります。ストレートとボックスを半分ずつ申込み、どちらかが当たれば的中という買い方です。この場合でも当選確率は１／１０００と５／１０００になります。私は宝くじを買わないので分かりませんが、根拠のない数字を当てるというのは大変に難しい作業に思えます。完全に運任せになるでしょうし、研究している人は過去の当然データから数字を選び出すのでしょうが、それにしても確率が悪そうです。

　一方の３頭ボックス予想ですが、数字を当てるだけなのでナンバーズに似ているように思えます。知らない人は３頭を買うだけだか

らです。

　しかし、予想屋マサがその３頭を選びだすために、馬の能力や調教を事細かくチェックしたり、前走内容やタイム、血統、厩舎や騎手、枠順などあらゆることを検証していますので、そこには当たる根拠があります。ですので、選んだ馬が馬券に絡むことが多くなるのです。

　３頭ボックス予想の精度は年々高くなっています。それはＧＩレース予想でも同様です。

　2019年は皐月賞やスプリンターズステークスを３連単的中させています。フェブラリーステークスや宝塚記念では馬単を的中させ、日本ダービーや桜花賞ではワイドを的中させています。わずか３頭という少ない買い目で、難しいＧＩレースをも当てていますので、あなたにも取り入れてもらえたらと思います。ＧＩレースの予想はブログとメルマガに書いていますので、チェックしてみてください。

ブログ　：http://jravan.blog.jp/
メルマガ：https://www.mag2.com/m/0001628095.html

　ここまで、競馬で勝つために必勝馬券術として３パターンを紹介してきました。どれを取り入れるかは個人の好みになります。とことん勝率にこだわりたいのであれば、２番目に紹介した３連複５点買いの馬券術が良いでしょう。ただし、見て分かると思いますが、第１レースから参加が条件になりますし、毎レースごとに直前のオッズを確認する必要があります。非常に面倒くさいといえば面倒くさいでしょう。しかし、それをするだけで競馬の勝率が８０％を超えるとすればやらない手はないのです。

　また、的中率を上げたい場合には、最初に紹介した３連複１５点買いの馬券術が断然良いです。１番人気馬を軸に相手を６頭（オッズの２〜７番人気）選ぶだけなので、非常に簡単だと思います。本書で紹介した１番人気の騎手データや、競馬場の特徴などとかけ合わせれば、的中率５０％に留まらず、さらに高い的中率を上げていくことも可能になります。そして確認すれば良いのはオッズだけですので、本

当にシンプルな予想法になっています。重賞レースなどで予想に迷った時には、取り入れてみるのもいいと思います。

　最後に紹介した3頭ボックス予想ですが、これは予想屋マサにしかできないオリジナル予想です。似たような予想をしている予想家もいるでしょうが、内容は全然違います。3頭を選び出すために、馬の能力から血統、前走内容、調教、コース、厩舎、騎手、枠順といった多くのファクター（要因）を独自に掛け合わせていますので、他の人が真似しようとしても絶対に真似できないのがこの予想法です。これがもしも調教に特化した3点のボックス買いだとすれば、ここまで馬券を的中させるのは不可能です。血統だけで選ぶ3点予想だとしても同様です。複数の要素があるからこそ、的中率が高くなっているのです。それでも完璧ではありません。ですので、私も日々検証に検証を重ねておりますし、より良い結果を得るために競馬をさらに勉強しています。昨年よりは今年、今年よりは来年といったように、3頭ボックス予想はさらに進化していきます。ぜひ今後も注目してもらえたら嬉しいです。

最後に

　1936年（昭和11年）に日本競馬会が創設され80年以上になります。その後、1954年より現在の日本中央競馬会を主催とする中央競馬がスタートしました。今後も競馬は50年、100年と続いていくことでしょう。予想屋マサも元気なうちはずっと競馬と向き合っていくつもりです。競馬は追及すればするほどに奥が深いからです。しかし時代の流れが急速に進んでいることは間違いありません。10年前にはLINEもInstagramもありませんでした。今では誰もが知るYouTubeやTwitterもそれほどメジャーな存在ではなかったのです。競馬においても、まさか外国人騎手がＪＲＡの所属になるなんて考えられませんでした。ＪＲＡのＣＭに**松坂桃李や土屋太鳳が起用され、完全に若者をターゲットにしたCMが流れるとは誰も想像できなかったのです。**10年前の常識が現代では非常識になりつつあります。今後10年でその流れはさらに進んでいくことが予想されます。そこには私たちが想像もしていないようなことが多く出てくるでしょう。

　現在はTwitterやInstagram、YouTubeを通じて情報を収集することが多いですが、これも時代と共に変わっていくことでしょう。変化には柔軟に対応したいものです。しかし、本書に書いたお金についての考え方や成功者の習慣などは決して変わることはありません。今後もしかしたらお金の形がビットコインや暗号通貨に変わっていくのかもしれません。それでも考え方としては一緒です。いつの時代もお金が向こうから寄っく来る人になれるよう心掛けたいものです。

　競馬の予想法ですが、こちらも過去10年間で随分変わってきたように感じます。この10年間で新しい予想が次々と誕生しては消えていきました。もしかしたら現在使える予想法でも今後は使えなくなるかもしれません。

　それでも私は変化を受け入れて競馬と真摯に向き合っていきま

す。もちろん今後も競馬を勉強し続けていきます。現時点では全く予定もありませんが、今後はＡＩを導入するかもしれませんし、今までとは180度違った新しい予想法を披露するかもしれません。

　その時にはもちろんメルマガを通じてお伝えしようと思いますので、メルマガは登録しておいてもらえると嬉しいです。

　しかし現時点においては、本書で紹介しました３連複１５点買い馬券術、３連複５点買い馬券術、３頭ボックス予想の３つがとても有効です。成功者のマインドを取り入れながら、これらの馬券術を使いこなしてもらえたらと思います。きっとあなたもトップ１％になれるはずです。最後までお読みいただき、ありがとうございました。

2019年11月吉日　筆者

■ 馬券術1（P33）

競馬場とコース

中山

芝1800m
ダート1200m
芝2200m
ダート1800m

阪神

ダート1400m
ダート1800m
芝1600m

函館

ダート1700m
芝1200m

札幌

芝1500m
芝1800m
ダート1700m

当日午前9時くらいに単勝オッズをチェック
勝負3レースを決める
（理想は前半1レース、後半1レース、プラス1レース）
↓
発走の10分前にオッズを確認する
1番人気を軸馬に相手も単勝オッズの2〜7番人気を6点選ぶ
↓
3連複の1頭軸流し馬券で買います（買い目は15点）
↓
当たってプラスになれば終了
もしも負けた場合には次の勝負レースで同じように勝負

注：想定していた1番人気馬が2番人気以下になってしまった場合は「勝負
**　　見送り」です。**

■ 馬券術2（P117）

購入するのは3連複の2番人気〜6番人気までの5点です。

オッズは3連複の人気です

見るのは発走5分前の3連複オッズだけです。

1Rからの参加が絶対条件

京都競馬場　オススメ1位

小倉競馬場　オススメ2位

札幌競馬場

福島競馬場

当たってプラスになれば終了

トップベッティング

2020 年 2 月 29 日 第 1 刷発行

●著者　　　　　　競馬予想屋マサ

●編集　　　　　　競馬道 OnLine 編集部

●本書に関する問合せ
　　　　　　　　　keibasupport@o-amuzio.co.jp

●DTP　　　　　　いまえだ たつひろ

●カバーデザイン　桑田 愛美

●発行者　　　　　福島 智

●発行元　　　　　株式会社オーイズミ・アミュージオ
　　　　　　　　　〒110-0015　東京都台東区東上野 1-8-6　妙高酒造ビル5F

●発売元　　　　　株式会社主婦の友社
　　　　　　　　　〒112-8675　東京都文京区関口 1-44-10
　　　　　　　　　電話：03-5280-7551

●印刷・製本　　　二松堂株式会社